Charles Meyer

Die faire Kündigung

Charles Meyer

Die faire Kündigung

Erfahrungen und Praxistipps für Vorgesetzte

orell füssli Verlag AG

Autorenwebsite:
www.charlesmeyer.ch

© 2009 Orell Füssli Verlag AG, Zürich
www.ofv.ch
Alle Rechte vorbehalten

Dieses Werk ist urheberrechtlich geschützt. Dadurch begründete Rechte, insbesondere der Übersetzung, des Nachdrucks, des Vortrags, der Entnahme von Abbildungen und Tabellen, der Funksendung, der Mikroverfilmung oder der Vervielfältigung auf andern Wegen und der Speicherung in Datenverarbeitungsanlagen, bleiben, auch bei nur auszugsweiser Verwertung, vorbehalten. Vervielfältigungen des Werkes oder von Teilen des Werkes sind auch im Einzelfall nur in den Grenzen der gesetzlichen Bestimmungen des Urheberrechtsgesetzes in der jeweils geltenden Fassung zulässig. Sie sind grundsätzlich vergütungspflichtig.

Redaktionelle Bearbeitung: Dörthe Binkert
Umschlaggestaltung: Andreas Zollinger, Zürich
Druck: fgb • freiburger graphische betriebe, Freiburg

ISBN 978-3-280-05363-8

Bibliografische Information der Deutschen Bibliothek:
Die Deutsche Bibliothek verzeichnet diese Publikation in der Deutschen Nationalbibliografie; detaillierte bibliografische Daten sind im Internet über *http://dnb.d-nb.de* abrufbar.

Mix
Produktgruppe aus vorbildlich
bewirtschafteten Wäldern, kontrollierten
Herkünften und Recyclingholz oder -fasern
www.fsc.org   Zert.-Nr. SGS-COC-003993
© 1996 Forest Stewardship Council

Inhalt

Vorwort	7
Einleitung	11

So kündigen Chefs — 15
- Chefs (CEOs, Personalchefs, Besitzer von KMU) erzählen, wie sie kündigen, was sie dabei empfinden und erleben — 15
- Das berühmte «erste Mal» — 16
- Was macht Kündigen so schwierig? — 19
- Die drei Kündigungsgründe — 21
- Die erste strukturelle Kündigung — 23
- Die Gefahr beim Kündigen — 27

So erleben Mitarbeiter ihre Kündigung — 31
- Gekündigte Mitarbeiter erzählen, wie sie ihre Kündigung erlebt haben und wie es ihnen danach ergangen ist — 31
- Eine kleine Einführung zum Thema Trauma — 33
- Die Geschichten von Guido, Judith und Karl — 35

Die Auswirkung von Kündigungen auf das verbleibende Team — 49
- Die Auswirkungen auf den Rest des Teams: die systemischen Hintergründe bei «unschönen» Kündigungen — 49
- Die fehlende Würdigung — 51
- Die Konsequenzen — 54
- Und der Neue? — 57

Wann wird eine Kündigung zum Trauma? 61
- *Die dreifache Gefahr: Harte Kündigungen können traumatische Verletzungen hervorrufen – beim Chef, beim Gekündigten und beim verbleibenden Personal* 61
- *Agierender oder Täter?* 63
- *Die «Ansteckung»* 66
- *Die Gefahr für das Team* 72

Strategien der Bewältigung 75
- *Strategien, um das Geschehene zu verarbeiten* 75
- *Verschiedene Coping-Strategien* 79
- *Instrumentelles Coping* 79
- *Verdrängen von Emotionen* 80
- *Die kognitive Restrukturierung* 80
- *Der Vergleich mit anderen* 81
- *Flexibles Coping* 82

Checkliste für die faire Kündigung 89
- *Wie bestehe ich die Gefahren: Es braucht eine Kündigungskultur* 89
- *Checkliste für die umsichtige und faire Kündigung* 91

Schlusswort 113
Literatur 115

Vorwort

Das Thema ist aktuell. Wir wissen zwar noch nicht, ob wir uns am Anfang, mittendrin oder bereits am Ende der größten Finanzkrise seit bald hundert Jahren befinden. Aber bereits jetzt ist klar, dass diese Rezession Arbeitsplätze kosten wird. Kurzarbeit, Nichtverlängerung von Zeitverträgen, Einstellungsstopp sind die Vorboten, von denen wir heute täglich in allen Zeitungen lesen. Bleiben die Auftragsbücher leer, schrumpft das Kundenportfolio bei Banken und Versicherungen, lässt die Kaufkraft nach, werden Entlassungen unvermeidlich. In Industrieunternehmen, in der Dienstleistungsbranche, im Handel, – überall.

Jeder weiß das, und doch haben die angekündigten und vollzogenen Entlassungswellen in der Zeitung etwas Abstraktes. Wir wissen, dass Arbeitsplätze abhängig sind von der Konjunktur, dass Firmen den Veränderungsdruck an die Mitarbeiter weitergeben, dass außerdem ein bedeutender Strukturwandel im Gange ist, der manche Arbeitsplätze schlichtweg überflüssig macht.

Stabilität und Kontinuität, früher durchaus anzustrebende Attribute jedes Bewerber-Dossiers, sind aus der Mode gekommen. (Arbeits)lebenslange Loyalität wird nicht mehr nachgefragt und von Unternehmen auch nicht mehr geboten. Im Alltag blenden wir dieses Wissen gerne aus.

Eine Konsequenz der veränderten Arbeitswelt ist, dass das Aussprechen von Kündigungen mittlerweile zum Alltag von Führungskräften gehört und dass andererseits fast jeder über fünfzig heute schon einmal mehr oder weniger unfreiwillig den Arbeitsplatz wechseln musste. Ähnlich wie Ehescheidungen die Betroffenen noch in den 1950er Jahren mit einem gewissen gesellschaftlichen Makel behafteten, war bis vor Kurzem eine Kündigung für die Betroffenen immer ein Zeichen des persönlichen Versagens. Das hat sich im gesellschaftlichen Kontext in beiden Fällen geändert.

Im individuellen Kontext hingegen sind beide Ereignisse – eine Trennung vom Partner ebenso wie eine Trennung vom Arbeitsumfeld – nach wie vor emotional stark belastende Situationen. Eine bislang Halt und Sinn gebende Bindung wird unfreiwillig aufgelöst. Und dies Geschehen betrifft nicht nur die Person, der gekündigt wird, sondern das ganze System, in dem sie sich bewegt: Die Kollegen, die in der Firma verbleiben, den Vorgesetzten, der die Kündigung ausspricht, die Personalabteilung, die sie vorbereitet, den Partner, die Partnerin zu Hause, den Freundeskreis. Damit diese Konfrontation mit Verlust nicht zum traumatischen Erleben wird, das alle Beteiligten für längere Zeit paralysiert, ist das «Wie» entscheidend: Eine gute Trennung respektiert die Würde des Betroffenen, kann vom Gegenüber akzeptiert werden und ermöglicht eine Neuorientierung. Eine schlechte Trennung löst Traumata aus, die womöglich sogar ansteckend aufs ganze Umfeld wirken. Richtig kündigen ist eine wichtige Führungsaufgabe, die man nicht einfach kann, sondern lernen muss. Sie gehört heute genauso zum Zyklus umfassender Personalarbeit wie die Rekrutierung oder die Personalentwicklung. Nur in Unternehmen, welche die Bedeutung und Wichtigkeit von professionellen Kündigungen erkennen, kann eine eigentliche Trennungskultur entstehen, die nicht Opfer produziert, sondern Neuorientierungen ermöglicht.

Im vorliegenden Buch legt Charles Meyer genau das vor: eine Anleitung zum Kündigen, die unnötige Kollateralschäden vermeidet. Er erklärt eindrücklich, was schlechte Kündigungen bewirken können bei den Gekündigten, bei den verbleibenden Mitarbeitern und bei den Kündigenden selber. Danach breitet er einen Fächer von hilfreichen Handlungsoptionen aus, deren Anwendung die Arbeit und das Weiterkommen aller Beteiligten befördern.

April 2009
Toni Nadig / Brigitte Reemts

Einleitung

«Wir müssen Sie leider entlassen.» Der Moment, in dem ein Personalchef oder Unternehmer diesen Satz ausspricht, ist ein gefährlicher Moment. Gefährlich für den Angestellten, weil ihm dadurch Lebenssicherheit und Lebenssinn weg zu brechen drohen, gefährlich für den Chef, weil er in diesem Moment etwas tun muss, was auch für ihn zu einer psychischen Belastung und zu traumatischer Verletzung führen kann, und gefährlich für das verbleibende Personal, weil einer von ihnen gehen muss – es könnte auch die anderen treffen.

Diese These der dreifachen Gefährdung soll im Folgenden erklärt und mit Beispielen verdeutlicht werden. Daraus werden wir eine Handlungsanleitung für den Chef ableiten, wie er den Moment der Kündigung, aber auch das Davor und das Danach gestalten kann, damit nicht unnötiger Schaden – collateral damage – entsteht, nicht beim Gekündigten, nicht bei ihm selbst und nicht beim Rest der Belegschaft.

Manche Vorgesetzte drücken sich vor dem Entscheid bis zur letzten Sekunde, wohl ahnend, dass es nun unangenehm wird. Und dann, wenn der Schritt unausweichlich wird, wollen sie es kurz und schmerzlos hinter sich bringen. So haben sie es gelernt, so muss es wohl sein. Schließlich ist Führen ein harter Job, da gibt es unweigerlich unangenehme Entscheide, am besten zieht man das einfach durch, mit aller Härte. Wer hat sie das gelehrt? Gibt es gute Gründe für ein solches Vorgehen oder gibt es im Gegenteil viele gute Gründe, es nicht so zu machen?

Ich habe als Coach und Unternehmensberater die Erfahrung gemacht, dass Kündigungen sehr oft harte Einschnitte in der Vita eines Vorgesetzten, eines Mitarbeiters oder eines Teams sind, im Falle von Massenkündigungen gar eines ganzen Unternehmens. Je härter die Kündigung, umso irritierender und rätselhafter für alle Beteiligten das Straucheln und Strampeln danach. Manche Probleme verschwanden sehr schnell, wenn eine frühere Kündigung – auch wenn sie oft Jahre zurück lag – thematisiert und aufgearbeitet wurde: Teams fanden wieder zu ihrer Leistungsfähigkeit, Aufsteiger schafften die innere Ablösung von ihrer früheren Anstellung und wurden frei für das Neue. Vorgesetzte fanden zu ihrem Handlungsspielraum zurück, den sie durch unbewusste Schuldgefühle oder Vermeidungsstrategien eingeschränkt hatten.

Ich bekam in der Folge den Verdacht, dass harte Kündigungen, hart im Sinne von überrumpelnd, existenzbedrohend oder als Mobbing erlebt, traumatische Prozesse auslösen können, wie sie beim Erleben von körperlicher Gewalt oder Unfällen auftreten. In einer wissenschaftlichen Untersuchung konnte ich zusammen mit der Organisationspsychologin Jeanne dal Tin (siehe Literaturverzeichnis) nachweisen, dass bei Kündigungen tatsächlich traumatische Verletzungen auftreten können mit all ihren Auswirkungen auf die Beteiligten. Wir hatten sechs Manager in sogenannten «qualitativen Tiefeninterviews» nach den genauen Umständen ihrer hart erlebten Kündigung gefragt und nach traumatischen Symptomen bei ihnen und ihrer Umgebung geforscht, und wir wurden überraschend leicht fündig.

Manche dieser bestens qualifizierten Fachkräfte konnten trotz Outplacement keine neue Stelle finden, oft jahrelang nicht. Wir konnten nachweisen, dass dafür nicht der Arbeitsmarkt oder die Arbeit im Outplacement verantwortlich war, sondern traumatische Verletzungen bei der Kündigung. Die Folgen davon sind oft rätselhafte Symptome, körperlicher, aber auch psychischer Art, die auf die üblichen medizinischen Behandlungen nicht ansprechen. Manche

Betroffene finden nicht aus ihrer Verwirrung heraus und geraten trotz intensiver Betreuung in eine Abwärtsspirale: Persönliche Beziehungen gehen in die Brüche, der Wiedereinstieg wird nicht geschafft, das soziale Netzwerk muss bis zur letzten Masche herhalten. Traumatische Verletzungen heilen manchmal mit der Zeit spontan ab, aber oft müssen sie zuerst als solche erkannt und behandelt werden, bevor ein neuer Job, eine neue Perspektive, ein neuer Teamgeist Realität werden kann. Bleiben sie unerkannt, verursachen sie unnötiges Leid und volkswirtschaftliche Schäden.

Dieses Buch zeigt auf, was bei einer Kündigung in der Psyche der Beteiligten abläuft, und es erklärt, wie eine Kündigung gestaltet werden kann, ohne traumatische Prozesse auszulösen.

Wir haben dazu Vorgesetzte und Gekündigte nach ihrer Erfahrung gefragt, nach den angewandten Methoden und deren Auswirkungen auf sie und die im Unternehmen verbliebenen Mitarbeiter. Daraus leiten wir mögliche Settings und Handlungsvorschläge ab, die es Ihnen als Chefin oder Chef ermöglichen, diese Klippen zu umschiffen.

Kündigungen müssen möglich sein. Aber sie müssen nicht das ganze System der drei betroffenen Kreise nachhaltig durcheinander bringen. Eine Kündigung ist im besten Fall eine Entlastung für alle Beteiligten und eine Chance für eine Verbesserung. Im schlimmsten Fall ist sie ein Trauma. Wie man eine Kündigung umsichtig und fair in die Wege leitet und umsetzt, lesen Sie in diesem Buch.

Zuerst aber noch zwei Sätze zum Technischen: Alle Namen von betroffenen Vorgesetzten und Gekündigten sowie die Umstände ihrer Arbeitgeber sind so verfremdet, dass keinerlei Rückschlüsse auf ihre Identität möglich sind, dass aber der Sinn ihrer Geschichte voll erhalten bleibt.

So kündigen Chefs

➤ *Chefs (CEOs, Personalschefs, Besitzer von KMU) erzählen, wie sie kündigen, was sie dabei empfinden und erleben.* ➤ *Das berühmte «erste Mal».* ➤ *Was macht Kündigen so schwierig?* ➤ *Die drei Kündigungsgründe.* ➤ *Die erste strukturelle Kündigung.* ➤ *Die Gefahr beim Kündigen*

Chefs (CEOs, Personalschefs, Besitzer von KMU) erzählen, wie sie kündigen, was sie dabei empfinden und erleben

Niemand kündigt gerne. Kündigen ist eine der unangenehmsten Führungsaufgaben, und kaum jemand hat im Laufe seiner Ausbildung je ein Training dazu absolviert. Dabei wäre es für die Betroffenen auf allen Seiten sehr hilfreich, wenn ein Minimum an Wissen über diesen Vorgang vorhanden wäre. Denn in dieser Situation, die ja eine Trennung darstellt, können Dinge passieren, die niemand beabsichtigt hat, die so nicht vorgesehen waren, die unnötig verletzen oder gar zu einer Eskalation führen.

Wie schwierig Kündigen offenbar ist, hat sich im Verlauf meiner Arbeit als Coach und bei den Gesprächen zu diesem Kapitel mehrfach gezeigt: Meine Gesprächspartner – Chefs von kleinen Betrieben ebenso wie CEOs großer Unternehmen – waren sehr interessiert daran, ihre Kündigungsgeschichten zu erzählen, sie erinnerten sich, schilderten den Moment sehr genau und fielen dabei in Körperhaltungen, die zeigten, wie stressbeladen die Situationen waren – die

Konflikte davor, aber auch die Erleichterung danach. Viele Emotionen kamen hoch, einige riefen später noch einmal an, um dies oder jenes beizufügen, was ihnen noch in den Sinn gekommen war, was noch wichtig war, und manche waren froh, «diese Sachen» noch einmal reflektiert zu haben. Das Bild vom kalten Chef, der über Leichen geht, ohne dabei auch nur mit der Wimper zu zucken, ich habe es bisher noch nirgends angetroffen, zumindest nicht im direkten Gespräch mit Vorgesetzten. Anders dann im nächsten Kapitel, in dem Angestellte von ihren Erlebnissen erzählen, von Arroganz berichten, von Kaltschnäuzigkeit und Tölpelhaftigkeit, was sich bei näherem Hinsehen aber meist in Unsicherheit, Selbstschutz und Ignoranz übersetzen lässt.

Das berühmte «erste Mal»

Kündigen ist eine Aufgabe, die man meistern kann. Viele Vorgesetzte haben durch Versuch und Irrtum gelernt, was dabei schief gehen kann und was zu beachten ist, wenn man Kündigungen künftig verantwortungsvoll durchziehen möchte. Allen meinen Gesprächspartnern gemeinsam ist das aufwühlende Erlebnis des «ersten Mals».

«Ich erinnere mich genau», erzählt zum Beispiel Alois I., der heute ein 70-Mann-Unternehmen in der IT-Branche besitzt und leitet. «Ich hatte einen jungen Mann aufgebaut, hatte ihm die Weiterbildung zum MBA bezahlt, ihn gefördert und am Ende zum Geschäftsführer gemacht. Er war mein Hoffnungsträger. Aber sobald er Chef war, ist etwas in ihm gekippt. Er übernahm zu wenig Verantwortung, entwickelte zu wenig Respekt gegenüber dem Unternehmensgeist, schielte nur auf den Bonus und auf Gewinnbeteiligung.»

Alois – damals noch unerfahren – suchte nach Möglichkeiten, seinen Geschäftsführer wieder auf Kurs zu bringen.

«Drei Chancen gebe ich jedem, ihm gab ich zehn!» Aber alles

Reden fruchtete nichts, und Alois begann zu dämmern, dass er sich von seinem Hoffnungsträger würde trennen müssen.

«Ich habe damals unzählige Gespräche geführt, mit meiner Frau, mit meinen Freunden, Beratern, ich wollte wissen, liegt es an mir? Muss ich mein Verhalten ändern? Ich bin ein Typ, der den Leuten Handlungsspielraum gibt, damit sie ihre Talente entfalten können, aber wenn er diese Chance einfach nicht ergreift?»

Alois erinnert sich noch sehr gut, wie er manche Nacht wach gelegen und das Problem gewälzt hat. «Ich fühlte mich verantwortlich, schließlich hatte ich ihn eingestellt, hatte ihn gefördert, und nun verrate ich ihn?» Aber am Ende wusste er, es geht nicht anders. «Da musst du durch, sonst geht am Ende das ganze Unternehmen den Bach runter, und die andern Angestellten gleich mit ihm.»

Es war das erste Mal, dass der frischgebackene Unternehmer vor solch eine Entscheidung gestellt wurde. Im Nachhinein sieht er diesen Moment als «Initiation», als Durchgang, als persönliche Krise, durch die er hindurch musste, um ein ganzer Unternehmer zu werden.

«Ich stand vor der Wahl, das Unternehmen zu stärken oder ein lieber Mensch zu sein. Beides zugleich ging auf Dauer nicht mehr.»

Am Montagmorgen rief er den Mitarbeiter zu sich ins Büro.

«Ich dachte: Von Mann zu Mann, schlechte Botschaften musst du Auge in Auge übermitteln, nicht per E-Mail. Ich habe gezittert, hatte einen Knopf im Bauch, konnte kaum die Kaffeetasse zum Mund führen, aber dann wurde ich plötzlich ruhig, sicher, ich wusste, was zu sagen ist und was nun sofort geplant und erledigt werden musste. Ich war hindurchgegangen.»

Das erste Mal kann prägend sein für die ganze weitere Karriere. So erzählt Peter U., langjähriger Präsident der Geschäftsleitung einer erfolgreichen Regionalbank, wie er als junger Abteilungsleiter den Auftrag fasste, bei acht seiner Mitarbeiter eine Lohnkürzung durchzusetzen.

«Es waren alles ältere Mitarbeiter, manche dreißig Jahre älter als ich, Leute, die Jahrzehnte dabei waren und immer Lohnerhöhungen erhalten hatten, bis sie weit über das Lohnband ihrer Funktion hinaus besoldet waren. Es waren Familienväter, Männer, die mit Hypotheken und Amortisationen belastet waren. Ich hatte ein unheimlich schlechtes Gefühl im Bauch. Am liebsten hätte ich den Job an meinen eigenen Chef delegiert, aber ich wusste, nun bist du Vorgesetzter einer Abteilung, und solch unangenehme Dinge gehören dazu. Ich habe schlaflose Nächte gehabt, habe im Geist immer wieder argumentiert, habe gedacht, die müssen das doch verstehen, ich kann es ja klar belegen: Du verdienst zu viel.»

Diese Gespräche wird Peter U. nie mehr vergessen. «Sie saßen still da, keiner hat groß reklamiert, aber ich habe bei jedem Gespräch gesehen, da war menschlich gesehen ein ungeheurer Bruch. Es hat zwar niemand gekündigt, sie blieben alle im Unternehmen, aber ihre Motivation ist komplett zusammengebrochen. Von da an leisteten sie Dienst nach Vorschrift, sicher zwei Jahre lang.»

In der Rückschau beurteilt Peter U. dieses Erlebnis als dermaßen einschneidend, dass es Auswirkungen hatte auf seine ganze künftige Geschäftspolitik. «So etwas wollte ich nie mehr erleben. Nur ja nie Fett ansetzen, damit ich nicht eines Tages Leute entlassen muss.»

Seither startet er alle zwei bis drei Jahre ein umfassendes Maßnahmenpaket, bei dem alle Projekte und Investitionen überprüft werden, Auswüchse geortet, Stäbe verkleinert. «So gibt es keine Entlassungen, sondern es gibt Fitness.»

Speziell an Peters Situation mag auch die gesellschaftliche Verankerung seines Unternehmens in der Region sein. Die Aktionärsversammlung zählt jeweils Tausende, ein *Who is Who* der Region. «Wenn ich jemanden entlassen muss, dann werde ich oft darauf angesprochen. Man trifft sich wieder bei gesellschaftlichen Anlässen, im Restaurant, und ich will den Leuten dabei in die Augen schauen können.»

Was macht Kündigen so schwierig?

Eine Kündigung ist viel mehr als das logische Beenden eines untragbaren Zustandes, es ist oft ein sehr tief treffendes menschliches Nein, das ausgesprochen werden muss, eine Ent-Täuschung, die beigebracht werden muss, und in manchen Fällen ein Schnitt, der den anderen tief verletzt. Je menschlicher ein Vorgesetzter ist, je mehr soziale Kompetenz er besitzt, je mehr Verantwortungsgefühl er seinem Mitarbeiter gegenüber hat, desto schwieriger ist es für ihn, diesen Schritt zu tun, denn er weiß, dass er hier möglicherweise jemandem eine tiefe Verletzung beifügen muss. Niemand, der psychisch einigermaßen gesund ist, macht das gerne. Und trotzdem muss es möglich sein, sich in der Arbeitswelt von einem Mitarbeiter zu trennen.

Um wie viel leichter ist der umgekehrte Vorgang. Man sucht jemanden für einen klar umrissenen Aufgabenbereich, hat ein Anforderungsprofil, schaut sich auf dem Markt um und findet im Idealfall genau den passenden Partner. Alle sind zufrieden, und man schaut gemeinsam unbelastet und zuversichtlich in die Zukunft. Die Trennung dagegen ist oft das Ende einer langen gemeinsamen Geschichte.

Wir haben in unseren Breiten nicht dieses «Hire and Fire», diesen Common Sense über das leichte Eingehen und Lösen von Arbeitsverhältnissen, wie das im US-Raum gängig ist. Hierzulande sind Anstellungen eine Übereinkunft, die weit über das arbeitsrechtliche Unterschreiben eines Vertrages hinausgeht. Der eingestellte Mitarbeiter gewinnt mit dem Anstellungsverhältnis viel mehr als nur einen Job. Er gewinnt zuerst einmal ein absehbares, sicheres und regelmäßiges Einkommen, das ihm als Lebensgrundlage dient.

Wenn wir im Vorwort und auch im Laufe dieses Textes von der Gefahr einer traumatischen Verletzung sprechen, dann ist diese Einkommenssicherheit als Lebensgrundlage der wohl wichtigste Grund, warum bei einer Entlassung die Voraussetzungen für ein Trauma-Geschehen erfüllt sind: Es geht im Grunde um Leben und Tod. Das mag auf den ersten Blick übertrieben erscheinen, die Angst vor dem Untergang ist vielleicht irrational, in ihrer Wirkung aber sehr real und für das weitere Geschehen bestimmend.

Als Zweites nimmt man dem Gekündigten mit dem Job die Arbeit. Alle jammern wir über die viele anstrengende Arbeit, die uns dauernd bedrängt, aber wehe, sie geht verloren. Wir Menschen definieren uns über unsere Arbeit: Ich bin Ingenieur, ich bin Manager, ich bin Personalchefin. Bei einer Kündigung ist über die Lebenssicherheit hinaus auch diese Identität bedroht.

«Ich war jahrelang Chef über 600 Angestellte», erzählt einer der Betroffenen im nächsten Kapitel, «guten Morgen, Herr Direktor, wie geht es, Herr Direktor ... Und nun war das auf einen Schlag vorbei. Ich war ein Niemand.»

Zum Dritten beziehen wir über eine Mitgliedschaft in einem Unternehmen auch das wichtige Gefühl der Zugehörigkeit. Für viele Menschen ist die Zugehörigkeit zu einer Firma oft die einzige, die sie noch haben. Partnerschaft und Familie sind zunehmend Auslaufmodelle, der Freundeskreis ist meist marginal. Die Zugehörigkeit zu einer Firma und deren Projekten aber gibt Rückhalt, Motivation, Anerkennung und Erfolgserlebnisse.

Diese drei Aspekte: das sichere Einkommen, der Lebenssinn und die Zugehörigkeit sind evolutionsgeschichtlich die wichtigsten Voraussetzungen für ein einigermaßen sicheres Lebensgefühl. Die Aussicht auf Nahrung über den nächsten Tag hinaus hängt seit Jahrmillionen davon ab, ob ich in meinem Rudel oder meinem Stamm Anerkennung genieße, weil ich ein guter Jäger bin, eine gute Sammlerin, ein weiser Alter, ein kräftiger Führer oder ein faszinierender Erzähler. Wenn ich dem Stamm nichts zu geben habe, wenn ich ihm durch Krankheit zur Last falle oder wenn ich gar Schande über ihn oder über mich gebracht habe – wenn ich also diese Zugehörigkeit verliere und verbannt werde, so sagt die berechtigte, tief liegende Angst, dann bin ich des Todes. Ausgesetzt in die Einsamkeit ohne den Schutz der Höhle, ohne die Wärme des Feuers und ohne die

Vorratskammer des Rudels werde ich den nächsten Winter nicht überleben.

Wir haben heute zur Abfederung solcher Einschnitte Abgangsentschädigung, Sozialprogramm, Outplacement, Arbeitslosenversicherung, Invalidenversicherung und am Ende die Pensionskasse und die AHV. Aber diese Instrumente sind erst ein paar Jahrzehnte alt. Jahrtausendealt jedoch sind unsere psychischen Programme, die im Moment einer Kündigung in uns ablaufen. Da helfen rationale Überlegungen wenig.

Natürlich führt nicht jede Kündigung an den Rand dieses psychischen Abgrundes. Bei manchen Arbeitsverhältnissen zeichnet sich ab, dass sie zu Ende gehen werden. Viele Mitarbeiter spüren selber, dass sie nicht am richtigen Platz sind oder dass sie die geforderte – und versprochene – Leistung nicht bringen. Sie suchen nach Alternativen, Weiterbildungen, Entwicklungsmöglichkeiten, und wenn die Kommunikation in einem Unternehmen stimmt, dann führen all diese Bewegungen zu einer natürlichen Fluktuation und zu Kündigungen, die allenfalls als aufwühlende Episoden in die Lebensgeschichte der Beteiligten eingehen. Nichts Bedrohliches, sondern Momente, die am Ende für alle Beteiligten eine Verbesserung gebracht haben. Erleichterung. Dies wäre dann das bestmögliche Szenario. Aber das trifft oft nicht ein.

Die drei Kündigungsgründe

Landläufig unterscheidet man zwei Gründe, warum ein Arbeitsverhältnis aufgelöst wird: Die Kündigung aus strukturellen Gründen und die Kündigung wegen mangelnder Leistung. Es gibt aber einen dritten Grund, der selten thematisiert wird, aber gerade bei Leistungskündigungen sehr oft die Hauptrolle spielt: die Kündigung, weil die Chemie nicht stimmt.

Einer, der das mehrmals am eigenen Leib erfahren hat, ist Rolf B., heute Besitzer einer Ingenieursfirma mit rund 15 Angestellten.

«Ich hatte in jungen Jahren mehrere Stellen, an denen ich es einfach nicht konnte mit meinem Chef. Die Trennungen waren dann jeweils sehr bewegend für mich, und ich habe mich dauernd gefragt: Was läuft falsch bei mir? Ich hab dann beschlossen, dass ich offenbar einfach nicht tauge zum Angestellten, und habe mich selbstständig gemacht.»

Rolfs Erfahrung hat ihn gelehrt, später als Vorgesetzter bei zwischenmenschlichen Schwierigkeiten mit Angestellten oder bei mangelnder Leistung immer zuerst die Verantwortung bei sich selber zu suchen.

«Ich habe ihn eingestellt. Ich habe ihn ins Unternehmen geholt, seine Familie lebt vom Gehalt, das er bei mir verdient, und wenn es jetzt also nicht klappt, dann muss ich dafür sorgen, dass es für diesen Mann weitergeht.»

Sein Credo ist mittlerweile: «Es gibt keine schlechten Leute, es gibt nur Leute, die am falschen Ort sind.»

Wenn Rolf B. heute in die Situation kommt, dass er mit einem Mitarbeiter Schwierigkeiten hat, dann nimmt er ihn sich frühzeitig zur Brust.

«Früher habe ich immer zu lange gewartet, bin ruhig geblieben, zurückhaltend. Bis es dann plötzlich geknallt hat. Heute weiß ich, ich darf diese Gefühle nicht verdrängen. Je länger du wartest, umso mehr Probleme hast du nachher. Und je früher du das packst, umso größer ist die Chance, eine vernünftige Lösung zu finden.»

Seine Strategie heute ist nicht so sehr, jemanden loszuwerden, sondern jemandem weiterzuhelfen. So legt er den Focus im ersten Gespräch nicht auf seine eigene Unzufriedenheit mit dem Angestellten, sondern auf das offensichtliche Unwohlsein des Angestellten. Er fordert ihn auf, zu erklären, warum er hier nicht seine beste Leistung bringen kann.

«Manchmal lerne ich daraus etwas über mein eigenes Verhalten, kann es vielleicht ändern, und die Sache kommt wieder ins Lot. Manchmal sehe ich dabei aber auch, wo es diesem Mann besser gehen könnte oder was ihm fehlt. Ich finde, die Leute müssen in einem optimalen Umfeld arbeiten können, nur so generieren sie optimale Leistung und Ertrag.»

Sehr oft fruchtet dieses erste Gespräch schon recht gut, manchmal zeigt sich aber, dass es wirklich eine andere Lösung braucht.

«Dann suche ich das zweite Gespräch, gehe mit ihm außer Haus, alleine, in eine neutrale Umgebung, und sage ihm klipp und klar: Es ist besser, wenn du gehst. Aber das ist nur der erste Schritt. Ich habe ja gesagt: Ich hab ihn angestellt, ich lasse ihn jetzt nicht einfach fallen wie eine heiße Kartoffel. Also suchen wir jetzt nach einer Lösung.»

Dabei geht es Rolf nicht nur darum, ein guter Patron zu sein, es geht ihm auch um den eigenen Vorteil.

«Ich denke langfristig. Die Welt ist klein, und in der Branche kennt man sich. Dieser Mann geht raus, er redet über dich, vielleicht ist er später an einer Stelle, wo er dein Kunde wird.»

Rolf telefoniert herum bei Kunden, bei der Konkurrenz, er sucht nach einer Stelle, an der sein Mann und sein neuer Vorgesetzter glücklich sein könnten.

«Ich delegiere das nicht an eine Outplacement-Firma, das mache ich selber. Es gibt mir am Ende das gute Gefühl, meinen Teil der Verantwortung für das Scheitern übernommen zu haben.»

Einige Male ist es ihm so gelungen, eine optimale Lösung für alle Beteiligten zu finden, manchmal hat der Betroffene selber einen neuen Job gefunden. So richtig kündigen – ohne Anschlusslösung – musste Rolf B. in den dreizehn Jahren seiner Selbstständigkeit nie.

Die erste strukturelle Kündigung

Natürlich kann man nicht von jedem Vorgesetzten erwarten, dass er sein persönliches Verantwortungsgefühl über die Kündigung und den geordneten Abgang hinaus aufrecht erhält, bis die Gekündigten wieder in einem neuen Arbeitsverhältnis geborgen sind. Es gibt Momente, da geht alles drunter und drüber, da herrscht großer Stress, und das Outplacement einer professionellen Firma ist eine hochwillkommene Entlastung. Speziell gilt dies bei einer strukturellen Kündigung, die meist mehrere Personen trifft und mit einem gleichzeitigen Umbau der Firma einhergeht.

So musste Gregor L. als frischgebackener CEO der Europa/Asien-Division eines amerikanischen Konzerns mit Sitz in der Schweiz kurz nach Antritt seiner Stelle eine Fabrik in der EU schließen. Mittlerweile ist er an solche tief greifenden Einschnitte vom Ablauf her gewöhnt, und trotzdem fühlt er sich jedes Mal «auf Deutsch gesagt Scheiße» dabei, wenn wieder so eine Restrukturierung ansteht.

«Entweder sind wir von der Company gezwungen, dann können wir wenigstens die Verantwortung delegieren, oder wir haben unseren Job nicht richtig gemacht, dann wird es hart.»

Den Moment, als Gregor sich zum ersten Mal vor 50 Leute hinstellen musste, um über die Schließung eines Werks zu orientieren, wird er nie mehr vergessen.

«Wir haben als US-Unternehmen jeweils ein großzügiges Paket von Nachbetreuung anzubieten, weit über das hinaus, was in der Schweiz üblich ist. Jeder kriegt ein Outplacement, jeder eine Abfindung, in europäischen Ländern oft das Zehnfache dessen, was in der Schweiz gefordert ist. Und trotzdem.»

An den Moment der Orientierung erinnert er sich, als ob es gestern gewesen wäre.

«Ich war nur noch Funktion. Trotzdem sehe ich noch heute diese Enttäuschung in den Gesichtern der Mitarbeiter, diese Ratlosigkeit, die Ungläubigkeit. Sie realisierten nicht, dass es nun tatsächlich so weit gekommen war.»

In diesem Moment stieg Angst in ihm auf, ein Schwall von Schuldgefühlen, aber gleichzeitig auch das Bewusstsein, das Richtige zu tun für das Überleben des Unternehmens.

«Diese Angst habe ich beim ersten Mal noch vollkommen abgespalten, ich habe gedacht, du musst hart bleiben, bist schließlich der Boss und hast den Lead. Heute weiß ich diese Angst als ein wertvolles Korrektiv zu schätzen, sie lässt mich weicher werden, und ich bekomme dadurch besseren Zugang zu meinen Zuhörern.»

Es ist kein Wunder, dass jemand, der 50 Leuten eine tiefe Enttäuschung beibringen muss, dabei Angst empfindet.

«Da kommt einem ein unglaublicher Hass entgegen», erzählt Gregor, «Hass auf das Unternehmen, für das man steht.» Einmal – in Frankreich – wurde er von den Arbeitern gar als Geisel genommen, halbwegs als Geisel, aber immerhin musste er ausharren, bis die Polizei ihn befreite. «Diese hasserfüllten Gesichter sehe ich noch heute vor mir.»

Wenn das Schlimmste gesagt ist, kommt der Teil mit den Fragen und den Antworten.

«Von da an geht es mir jeweils schlagartig besser. Da habe ich Erklärungen, kann Entscheidungsprozesse darlegen, kann das weitere Vorgehen auflisten. Da spüre ich dann auch das Adrenalin, ich bin wieder in meinem Körper, mache Gesten, stehe auf, kann auf die Leute zugehen, in den Raum hinein.»

Aber damit ist die Sache noch nicht ausgestanden.

«Wenn ich dann abends ins Hotel komme, geht eine Kakophonie von Gedanken los. Rechtfertigungsgedanken. Wir mussten es tun. Es war das einzig Richtige. Und gleichzeitig kommen Bilder hoch, Details, Gesichter, Fragen. Aber auch mein eigenes Bedürfnis nach Anerkennung. Ich möchte, dass mir jemand sagt, ich hätte es gut gemacht.»

Manche Chefs gehen in dieser Phase in die Bar, überlassen es dem Alkohol, den Geist zu beruhigen, den Adrenalinspiegel zu senken, aber Gregor mag das nicht.

«Es gehört dazu, diesen Konflikt auszuhalten, sich selber zu beruhigen, und – halt leider – sich selber die Anerkennung zu geben. Ich muss mich selber loben für das, was gut gelaufen ist, und mir überlegen, was ich künftig besser machen kann. Manchmal hilft dabei das Gespräch mit der Frau zuhause oder mit dem eigenen Chef in Amerika.»

Ansonsten ist es ein einsames Geschäft.

Eine andere Strategie, diesen Druck und diese Einsamkeit auszuhalten, ist der völlige Rückzug auf die eigene Rolle. So macht es zum Beispiel Armin S., der als Turn-around-Manager in ein Unternehmen geholt wurde, mit der Aufgabe, das schwächelnde Industrie-Konglomerat wieder fit zu machen gegen die asiatische Billig-Konkurrenz.

Er musste Massenkündigungen aussprechen, begleitet von einer kampfbereiten Gewerkschaft und dem Geschrei der Medien. Der ganze Prozess hat ihn anfangs sehr aufgewühlt. Wer ist schon gerne der öffentliche Sündenbock.

«Ich trug manches abends im Bauch nach Hause, aber dann habe ich mich entschieden, mich völlig auf meine Aufgabe zu konzentrieren: das Unternehmen zu retten. Ich musste mich abgrenzen, einen Verdrängungsmechanismus aufbauen, so, wie es Sanitätsfahrer tun, die täglich mit schrecklichen Unfällen konfrontiert werden. Mach deinen Job, mach ihn professionell, mach ihn richtig.»

Aber auch das geht nicht spurlos an einem vorüber. Nachdem sein Bild in allen Medien gehandelt wurde, begann er, in gewissen Quartieren nur noch mit einer Mütze zu verkehren.

«Ich hatte nicht Schuldgefühle, aber doch eine gewisse Angst, eine Unsicherheit. Eines Morgens fand ich in einem meiner Autoreifen eine Schraube. Rein zufällig habe ich den Reifen angeschaut, offenbar hab ich einen Schutzengel. Ich habe dann angefangen, abends die Vorhänge zu ziehen. Ich wollte mein Haus nicht in eine Trutzburg verwandeln, aber eine Videoüberwachung hab ich doch installieren lassen. Dann fing ich an, selber meine persönliche Bewegungsfreiheit einzuschränken. Mit wem gehe ich aus, mit wem möchte ich von gewissen Leuten nicht gesehen werden?»

Wer solch einen Job unter den Augen der Öffentlichkeit durchziehen muss, wird schnell einmal gesellschaftlich sanktioniert und mit dem Etikett «arschkalt» versehen.

«Mag sein», sagt Armin, «aber da ist man nun mal in diesem

Dilemma. Ich habe mich für die harte Seite entschieden, ich kann nicht operieren ohne diesen Schutzschild.»

Wie er am besten vor die Belegschaft tritt, das hat Armin mittlerweile im Griff. «Ich komme nicht mit Anzug und Krawatte, sondern mit Jeans und Sakko. Ich rede nicht um den Brei herum, sondern komme sehr schnell zur Sache. Es ist so: Das Schiff ist gestrandet, wir müssen es reparieren, es wird nachher kleiner sein und es wird nicht mehr Platz haben für die ganze Mannschaft. Die Botschaft muss klar sein.»

Die Gefahr beim Kündigen

Das Durchziehen der vielen einzelnen Kündigungsgespräche danach ist dann eine Knochenarbeit, die von unteren Chargen durchgezogen werden muss. Wir haben im Vorwort angetönt, dass es beim Kündigen zu einer traumatischen Verletzung kommen kann, und zwar nicht nur beim Gekündigten, sondern – aufgrund der sogenannten «Ansteckung» – auch bei denen, die solche Kündigungen aussprechen müssen. Das nächste Beispiel mag das schon ein wenig deutlicher illustrieren.

Ruth F. ist eine 28 Jahre junge Frau, die nach der kaufmännischen Lehre eine Human-Ressource-Ausbildung absolviert hat und nun in diesem Bereich eine Stelle suchte. Sie wusste, als sie sich bei einem bestimmten Industrieunternehmen bewarb, dass es hier durchaus einmal würde drunter und drüber gehen können. Aber dass es so schnell dazu kam, hätte sie nie gedacht.

«Nach zwei Monaten hieß es, wir müssen 30 Leute entlassen», erzählt Ruth und denkt dabei nur ungern an diesen Marathon zurück. «Es musste ja alles sehr schnell gehen. Die Belegschaft war orientiert, dass 30 Arbeitsplätze verloren gehen würden, aber niemand wusste, wen es trifft. Und weil wir nicht riskieren konnten, dass die Leute einfach krank machten, mussten wir sie jeweils vom Arbeitsplatz wegholen und ins Personalbüro begleiten.»

Der Ablauf der Kündigung war folgendermaßen organisiert: Da saß der Linienvorgesetzte, Ruth F. vom Personalbüro, ein Vertreter der Betriebskommission und der Arbeitnehmer. Der Linienvorgesetzte sprach die Kündigung aus, «Sie wissen, wir müssen leider, und leider trifft es Sie.» Ruth F. erklärte dann jeweils das weitere Vorgehen, Sozialplan, Outplacement und so weiter.

«Es waren viele langjährige Mitarbeiter darunter, zum Teil 20, 30 Jahre im Betrieb. Einige standen aufgebracht und erregt auf und wollten weggehen, andere, vor allem die Älteren, sagten nichts, blieben starr da sitzen oder begannen zu weinen. Einer, den sehe ich heute noch, wurde ganz weiß im Gesicht.»

30 Kündigungsgespräche absolvierte Ruth in einer Woche, viele davon spät in der Nacht, weil ja auch die Schichtarbeiter direkt vom Arbeitsplatz weggeholt werden mussten.

«Ich wusste, die gehen jetzt nach Hause, haben eine Familie, Kinder, sie waren ihr Leben lang im Betrieb, hatten nie was anderes gemacht, manche konnten nicht mal schreiben, und nun müssen sie zuhause sagen, dass sie gekündigt sind. Das hat mir sehr wehgetan.»

Das Spezielle an Ruths Situation: Sie hatte als Kind genau das erlebt. Ihr Vater wurde damals «abgebaut», wie sie es nennt, die Familie erlebte ein Trauma.

«Mein Vater war ein sehr pflichtbewusster Mann, sehr anständig. Als dann diese Kündigung ausgesprochen wurde, wurden meine Eltern von Schamgefühlen überflutet, auch von Schuldgefühlen, sie zogen sich vollkommen von den anderen Leuten zurück, uns Kindern hat das sehr wehgetan.»

Scham- und Schuldgefühle der Opfer sind zwar auf den ersten Blick unverständliche, aber für das Traumageschehen typische Anzeichen. Ruth war als Kind Teil eines solchen Traumas, und nun, als Erwachsene, wurde sie unerwartet wieder damit konfrontiert. Wenn alte Traumata auf diese Art neu geweckt werden, schlägt ihre Wirkung wieder voll zu.

In der Nacht kamen dann jeweils die Erinnerungen wieder hoch und vermischten sich mit der gegenwärtigen Situation. Ruth wälzte sich mit Schuldgefühlen im Bett.

«Hat die Geschäftsleitung die richtige Entscheidung getroffen? Ich war hin- und hergerissen zwischen der Wut auf diesen Beschluss und der Vernunft, die sagte, es muss sein. Der Schock im ganzen Betrieb war riesig, und meine Abteilung war fix und fertig. Wir hatten uns überschätzt.»

Und wie das Schicksal so spielt, fiel der eine Mann, der damals beim Kündigungsgespräch ganz weiß wurde, kurz darauf bei der Arbeit in Ohnmacht, fiel ins Koma und starb Monate später im Spital. Seither fragt sich Ruth F.: «Hat ihn das so getroffen? Haben wir wirklich alles richtig gemacht? Sind wir schuld am Tod des Mannes?»

Sie erinnert sich genau an diesen Mann. Er hatte zeitlebens im Betrieb gearbeitet und stand ein Jahr vor der Pensionierung. Der Sozialplan sah eine Überbrückung vor, finanziell hätte es ihm nicht geschadet. Sie dachte noch, er wird sicher froh sein, wenn er ein Jahr früher aufhören kann.

«Er sagte kaum etwas», erzählt Ruth, «er sagte nur: Da bin ich nicht einverstanden. Er sagte es auf eine seltsam lockere Art, ich dachte zuerst, er mache Spaß.»

Diese Schilderung deutet darauf hin, dass der Mann einem traumatischen Geschehen ausgesetzt war. Hätte ein geschultes Auge dies erkennen können? Hätte eine sofortige Begleitung und Verarbeitung womöglich geholfen? Niemand kann diese Fragen mit Bestimmtheit beantworten. Ruth trägt sie aber weiter mit sich herum. Denn was traumatisierte Menschen oder Zeugen oder «Betroffene der nächsten Nähe» immer wieder tun: Sie fragen sich, ob sie es hätten verhindern können. Was Ruth in ihrem Zweifel geholfen hat, waren die vielen Gespräche mit ihrer Familie, bei denen das Gegenwärtige und das Vergangene aufgearbeitet wurden.

So erleben Mitarbeiter ihre Kündigung

➤ *Gekündigte Mitarbeiter erzählen, wie sie ihre Kündigung erlebt haben und wie es ihnen danach ergangen ist.* ➤ *Eine kleine Einführung zum Thema Trauma.* ➤ *Die Geschichten von Guido, Judith und Karl*

Gekündigte Mitarbeiter erzählen, wie sie ihre Kündigung erlebt haben und wie es ihnen danach ergangen ist

Vorgesetzte kündigen nicht leichten Herzens, das haben ihre Statements im letzten Kapitel gezeigt. Sie alle fühlen dabei die seelische Belastung, und die Schilderung von Ruth F. weist sogar darauf hin, dass der Job des Kündigens ein erhebliches Traumapotenzial beinhalten kann.

Dass der Moment der Kündigung mehr sein kann als nur eine unangenehme Situation, dass er im Gegenteil eine Dimension annehmen kann, die extrem belastend, verletzend, schädigend, ja sogar lebensbedrohlich werden kann, das zeigt dieses Kapitel.

Der Verdacht, dass hinter einem Kündigungserlebnis manchmal mehr steckt als nur eine unangenehme Episode, kam mir im Laufe meiner Arbeit als Coach. Das Schlüsselerlebnis, das mich endgültig auf die Spur brachte, verdanke ich einer Klientin, die nach einer Kündigung auf rätselhafte Weise keinen neuen Job fand, und dies, obwohl sie beste Qualifikationen aufweisen konnte und laufend zu Vorstellungsgesprächen eingeladen wurde.

Ich arbeite unter anderem mit den Methoden der Systemischen

Strukturaufstellung nach «Syst» (Mathias Varga von Kibed und Insa Sparrer, München). Eine Aufstellung ist ein Simulationsverfahren, mit dem man die Strukturen einer Situation, eines Problems, einer Strategie mit Repräsentanten oder Platzhaltern im Raum aufstellt und so «dem System» eine sprachliche Möglichkeit gibt, sich auszudrücken, beziehungsweise dem Klienten eine Möglichkeit gibt, daran zu arbeiten. Ich will hier keinen Diskurs über diese neuen und ungewohnten Methoden anreißen, zum Verständnis des Falls reicht diese Information.

Die Frau stellte also sich selber, ihren alten Chef und den unbekannten «Neuen» auf. Seltsamerweise war der «Neue» sehr interessiert an meiner Klientin, aber die Klientin selber war nicht bereit, einen Schritt auf ihn zuzugehen, obwohl ihr Verstand sie dazu fast nötigte. Das verwirrte sie beträchtlich, ihr größter Wunsch war ja, eine neue Aufgabe bei einem neuen Arbeitgeber zu finden. Auf die Frage, was sie denn stattdessen tun wolle, drehte sie sich plötzlich zu ihrem alten Vorgesetzten um, begann zu zittern und sagte: «Du hast mich rausgemobbt, ich hasse dich, ich werde dir das heimzahlen.» Die Klientin war vollkommen überrascht über die Wut, die da aus ihr herausbrach. Sie war jemand, der sich selber sehr gut kontrollierte. Im Laufe ihrer Karriere bis zum Mitglied der Geschäftsleitung eines Konzerns hatte sie sich nie eine Schwäche dieser Art erlaubt, ja, sie wäre auch nie bereit gewesen, sich in irgendeiner Form als Opfer zu bezeichnen. Und nun brach sich die Erkenntnis Bahn, dass sie tatsächlich über den Tisch gezogen, dass sie in einem Machtkampf mit hinterhältigen Mitteln ausgetrickst worden und ohnmächtig unterlegen war, und dass sie dies bisher verdrängt hatte. Kein Wunder, dass der Hass, die Anbindung an das Alte, sie daran hinderte, sich dem Neuen zuzuwenden. Erst als diese traumatische Erfahrung des Mobbings anerkannt und integriert wurde, war sie bereit, auf den wartenden «Neuen» zuzugehen.

In der Folge wollte ich es genauer wissen, denn der Unterschied zwischen einer aufwühlenden, schlimmen, enttäuschenden Kündigung und derjenigen, bei der eine traumatische Verletzung stattfindet, ist für das weitere Fortkommen entscheidend. Ein schlimmes Erlebnis stecken wir Menschen mit der Zeit weg, denn die Zeit heilt Wunden. Das lernen wir schon als Kinder: Die Trauer vergeht, nach dem Regen scheint die Sonne, und bei späteren Schicksalsschlägen entwickeln wir geeignete Bewältigungs-Strategien, um wieder auf die Füße zu kommen. Eine traumatische Verletzung hingegen stürzt unser Gehirn in eine Funktionsschlaufe, aus der es ohne fremde Hilfe nicht mehr oder nur ungenügend herausfindet.

Eine kleine Einführung zum Thema Trauma
Die Traumaforschung kann dies heute genügend belegen: Bei Gewaltopfern, bei Unfallopfern, ja sogar bei Tätern können in der entscheidenden, überfordernden Situation Prozesse im Gehirn ablaufen, die zwar für den Moment das weitere Funktionieren und somit das Überleben ermöglichen, aber später mit einer Behinderung teuer bezahlt werden. Die Frage ist nun: Können bei Kündigungen solche Prozesse ablaufen? Und wenn ja, kann ein geeignetes Kündigungs-Setting solche unnötigen Schäden verhindern? Denn die Schäden, das werden die folgenden Beispiele belegen, sind enorm, für die Betroffenen, für die Versicherungen, für die Volkswirtschaft im Allgemeinen und sogar für das kündigende Unternehmen.

Um nun den Verdacht auf traumatische Verletzungen bei manchen Kündigungen unter einwandfreien wissenschaftlichen Bedingungen zu erhärten – oder zu entkräften –, habe ich mich zusammen mit der Organisationspsychologin Jeanne dal Tin an Prof. Wiendieck von der Universität Hagen (Organisationspsychologie) gewandt, damit er unseren Forschungsansatz kritisch begleite. Wir wollten Gekündigte in Tiefeninterviews befragen und in ihrem Erleben nach traumatypischen Vorgängen und Symptomen forschen. Die Ergebnisse waren überraschend. Aber lesen Sie selbst.

Es soll hier nicht der ganze wissenschaftliche Exkurs wiedergegeben werden, die integrale Arbeit kann unter *www.charlesmeyer.ch* heruntergeladen werden. Dort findet man auch den Hintergrund und den heutigen Stand der Stress- und Traumatheorie. Damit der Leser aber versteht, wonach wir suchten, sei hier in ganz kurzer Form dargestellt, was die Bedingungen für einen traumatischen Prozess sind:

1. Die Situation ist überraschend,
2. sie ist lebensbedrohlich,
3. es ist keine Flucht möglich,
4. man kann sich nicht wehren,
5. niemand kommt zu Hilfe,
6. der Betroffene ist komplett ausgeliefert und hat kein Repertoire, die Situation zu entschärfen oder zu bewältigen.

Mit anderen Worten: eine typische Kündigungssituation, falls sie überraschend ist und man anerkennt, dass eine Kündigung durchaus als lebensbedrohlich empfunden werden kann, wie es im vorhergehenden Kapitel erläutert wurde.

Die Symptome, die auf ein traumatisches Geschehen hindeuten, sind:

1. Anhaltende Verwirrung,
2. fragmentierte Erinnerung,
3. anhaltender Energiemangel,
4. körperliche Symptome des vegetativen Nervensystems (Magen, Herz, Kreislauf, Schlaflosigkeit, Kopfschmerzen usw.).

Mit diesem Rüstzeug verstehen wir nun die folgenden Geschichten vielleicht etwas besser.

Die Geschichten von Guido, Judith, Karl

Zuerst vielleicht noch ein Hinweis darauf, wie wir auf die untersuchten Fälle gestoßen sind. Wir baten den Outplacement-Berater Dr. Toni Nadig von Dr. Nadig Consulting in Zürich darum, uns seine schwierigsten Fälle zu vermitteln. Nadig, ehemaliger Neurologe und späterer Personalchef eines großen Versicherungskonzerns, verstand unseren Forschungsansatz auf Anhieb, und er unterstützte uns auf jede nur erdenkliche Weise. Von ihm wird in diesem Buch später noch die Rede sein, denn auch er hat als «Abnehmer» der Gekündigten alles Interesse daran, dass seine Klienten gekündigt, aber nicht verletzt bei ihm ins Outplacement-Programm kommen. Hier also zwei seiner damals schwierigsten Fälle:

Beginnen wir mit Guido F. (Namen und Umstände sind so verändert, dass keinesfalls Rückschlüsse auf Personen oder Firmen möglich sind, dass der Kern der Aussagen aber erhalten bleibt. Die Interviews sind hier stark gekürzt.)

Guido ist zur Zeit des Interviews 59 Jahre alt. Er ist geschieden, hat drei erwachsene Kinder und arbeitete 23 Jahre lang bei einem Versicherer als Sachbearbeiter. Die Kündigung liegt beim Gespräch anderthalb Jahre zurück, einen Job hat er noch nicht.

Guido

Frage: Was genau ist bei der Kündigung abgelaufen?
Guido: Es gab eine Restrukturierung, schweizweit mussten 500 Leute gehen. Wir mussten sparen. Nach welchen Kriterien gekündigt wurde? Das wissen die Götter, und die sagen es nicht.

Sie haben es kommen sehen?
Wir haben die negative Entwicklung aus der Presse erfahren, und auch im Intranet wurden Andeutungen gemacht, es gehe der Firma nicht gut. Es gab Wolken am Himmel, Unruhe in der Belegschaft, Getuschel, Gerüchte. Hintenherum wurden Dinge erzählt, aber per-

sönlich orientiert hat uns nie jemand. Das hing wie ein Damoklesschwert über uns: Wann fällt es herunter, auf wen trifft es? Es herrschte eine schlechte Stimmung, ja geradezu panische Angst, man musste immer damit rechnen, aber jeder hoffte, es treffe nicht ihn.

Und als es dann passierte?
Ich sitze in meinem Zweierbüro. Kommt der Chef, sagt: «Kannst mal mitkommen.» Da hatte ich schon ein saublödes Gefühl, war völlig perplex. Adrenalin kam über mich, ich war sofort aus dem Häuschen, aber ich habe das ausgeblendet, aus psychohygienischen Gründen. Der Chef ging voraus, ging aber nicht in sein Büro, sondern schnurstracks zum Personalchef. Überfallmäßig. Der Chef ist ja sowieso nicht kompetent, er ist ein Trottel. Beim Personalchef gab es keine lange Begrüßung. Da liegen Papiere auf dem Tisch, auf dem einen lese ich «Kündigung». Da kommen Wut und Ohnmacht über mich. Wie lange im Voraus haben die das alles schon vorbereitet? Sie sind so unprofessionell. Neben der Kündigung und deren Doppel liegen Reglemente und ein Dokument mit dem Titel «Aufnahme in frühzeitige Pensionierung».

Wie ging es Ihnen in genau diesem Moment?
Ich war vollkommen überrascht. Es hieß: «Hier, unterschreiben.» Ich habe reflexartig unterschrieben. Du bist in einem Ausnahmezustand, wie von Sinnen. Da wird so viel Emotionalität aufgestaut, vom Moment, wo er dich aus dem Büro holt bis zum Anblick des Tisches mit den unterschriftsbereiten Formularen. Du bist wie in Trance ... Ich habe jedenfalls unterschrieben.

Und dann?
«Lesen Sie es zuhause in Ruhe durch», hat er dann gesagt, aber ich hatte die Kündigung und alles ja schon unterschrieben. «Wenn Sie Fragen haben, rufen Sie mich an», hat er gesagt und mir seine Visitenkarte rübergeschoben. Ich trage die Karte noch immer mit mir

herum. Danach wurde ich in ein Nebenzimmer geführt, da standen zwei Herren von der Outplacement-Firma. Das war alles abgekartet! Das war schon sehr happig. Der Schock, die Kündigung, das Outplacement. Die beiden Herren haben mich dann sofort mitgenommen, und wir sind mit dem Tram zu ihrer Firma gefahren. Aber das interessiert mich alles nicht mehr, das ist passé, ich hab's verarbeitet.

Und jetzt?
Ich bin seit anderthalb Jahren gekündigt. Ich komme jetzt täglich zur Outplacement-Firma, mache Networking, treffe Leute, bewerbe mich. Das Mandat ist längst abgelaufen, aber Doktor Nadig lässt mich weiterhin die Infrastruktur benützen. 23 Jahre lang war ich Sachbearbeiter, jetzt bin ich arbeitslos. Die Kinder sind zum Glück draußen. Mit meiner Frau habe ich keinen Kontakt. Vor sieben Jahren die Scheidung, nun diese Kündigung, ich werde auch das verarbeiten. Es hat nichts miteinander zu tun, die Scheidung und die Kündigung. Man ist einfach in beiden Fällen vollkommen ohnmächtig.

Gab es körperliche Reaktionen?
Mein Körper hat mit hohem Blutdruck reagiert. Dagegen nehme ich heute noch Medikamente. Ich war einen Monat lang vollkommen verrückt, war zornig, wütend, habe kaum geschlafen, hatte Magenbrennen.

Welche Strategie legten Sie sich zurecht?
Ich brauchte eine Pause, Abstand. Ich lasse das mal an mich herankommen.

Wie fühlten Sie sich in dieser Zeit?
Vollkommen ohnmächtig. Man ist nicht mehr sich selber. Du bist in einer anderen Sphäre, bist nicht bei der Sache. Ich hatte größte Mühe, die Arbeit im Outplacement zu machen.

Haben Sie manchmal Angst?
Meine schlimmste Angst ist: Ich kann machen, was ich will, und es passiert doch nichts. Ich bin noch nicht panisch. Die Arbeitslosenkasse bezahlt noch sieben Monate lang. Ich stehe nicht vor dem Nichts. Aber noch immer zwischen Hoffen und Bangen.

Wir blenden hier das Interview aus, obwohl Guido in der Folge noch weitere Hinweise auf eine Traumatisierung liefert, aber fürs Erste reichen seine Aussagen vollkommen: Die Situation der Kündigung erfüllt sämtliche Parameter einer Traumatisierung: Die Situation ist überraschend, sie ist lebensbedrohlich, es ist keine Flucht möglich, er kann sich nicht wehren, niemand kommt zu Hilfe, Guido ist komplett ausgeliefert und hat kein Repertoire, die Situation zu entschärfen oder zu bewältigen.

Die Symptome? Guido ist «wie in Trance», «in einem Ausnahmezustand, wie von Sinnen», seit anderthalb Jahren trägt er die Visitenkarte seines damaligen Chefs mit sich herum, auf die Arbeit im Outplacement kann er sich nicht konzentrieren, er braucht Medikamente gegen den Bluthochdruck. Wenn also jemand anderthalb Jahre lang diesen Schock der Kündigung nicht überwindet, dann liegt der Verdacht schon sehr nahe, dass da eine erhebliche Verletzung vorliegt. Aber schauen wir weiter:

Judith

Judith (54) ist geschieden, sie hat zwei Töchter, 22- und 24-jährig. Sie war 16 Jahre Direktionsassistentin, Pharmabranche.

Frage: Was ist Ihnen passiert?
Judith: Unser Unternehmen war in den 16 Jahren, die ich hier arbeitete, sechsmal bei Fusionen involviert, und jedes Mal waren wir auf der Gewinner-Seite. Ich hatte drei Mitarbeiterinnen unter mir, sie betreuten das Facility-Management. Mein Chef und ich waren acht

Jahre zusammen. Bei der letzten Fusion wurden wir aufgekauft, mein Chef musste gehen. Mein Chef hätte die Möglichkeit gehabt, mich in der Käuferfirma unterzubringen, aber er hat gesagt: Wenn ich gehe, gehst du ja auch. Er hat mich voll verarscht. Ich war schockiert. Nach acht Jahren Zusammenarbeit diese Kälte. Das war sehr anmaßend.

Wie haben Sie sich im Moment der Kündigung gefühlt?
Ich war nicht ohnmächtig, ich fühlte mich noch stark, ich dachte: Wir werden ja sehen. Ich musste mich sowieso immer wehren, die Arbeitslosenkasse wollte meine Abgangsentschädigung als Lohn rechnen und wollte nicht zahlen. Ich musste dann prozessieren und hab nicht Recht bekommen. Damals brach alles zusammen. Die Töchter zogen aus, mein Vater starb, meine Mutter wurde krank, ich selber wurde plötzlich krank und musste mich einer Operation unterziehen. Fast jede Woche passierte etwas. Ich habe von meinem Chef dann ein Outplacement-Programm gefordert, er hat es verweigert, erst der Käufer unserer Firma hat es mir bewilligt.

Im Moment der Kündigung fühlten Sie sich stark?
Ja, aber anderthalb Monate nach der Kündigung bin ich dann zusammengebrochen. Eines Morgens um sieben hat der Wecker nicht geklingelt wie normal, da ging es los. Ich hab nur geheult. Wenn du jetzt niemals mehr Arbeit findest? Angst und Panik kamen auf. Muss ich dann aufs Sozialamt? Diese geliebte Arbeit zu verlieren ... ich bin darin aufgegangen. Ich identifizierte mich total mit meiner Arbeit. Ich war die Frau Judith im Unternehmen, die rechte Hand des Chefs, man hat mich von allen Seiten respektiert. Ich war damals alleinerziehend, als ich den Job bekam, Mutter von zwei Töchtern, fünf und acht. Ich habe das alles durchgestanden. Und nun dieser Existenzkampf. Nun muss ich zum ersten Mal im Leben um etwas bitten. Vorher war ich zu arrogant dazu.

Wie geht es Ihnen seither?
Seither bin ich richtig raus aus meinen Rollen. Meine eine Tochter hat mir gegenüber die Mutterrolle übernommen. Meine Partnerschaft ist in die Brüche gegangen. Vorher war ich die Vorzeigefrau, das Aushängeschild; als es mir schlecht ging, hat er sich verabschiedet. Ich muss wohl zuerst wieder eine Arbeit finden, um wieder diejenige zu sein, die ich bin.

Der Schock ist Ihnen also erst später eingefahren?
Und wie. Ich habe mich dann vollkommen zurückgezogen, hab keine Telefonanrufe entgegengenommen, ging nicht mehr Golf spielen, ich wollte mich so nicht zeigen, so ohnmächtig, ausgeliefert. Dann noch diese Operation, ich dachte, am besten du wachst gar nicht mehr auf.

Wie ist das genau im Moment der Kündigung?
Man hat keine Chance. Ich versuchte, eine Abgangsentschädigung zu bekommen, aber das geht alles so schnell, man wird gedrängt, sofort zu unterschreiben, unerhört! Die waren ja alle selber unfähig, es gab keine Beratung, keinen Einsatz für mich, nicht mal nach so vielen Jahren.

Wie reagierte Ihr Umfeld?
Der Partner verließ mich. Die Familie, also meine Töchter, die standen voll und ganz zu mir. Beim Bekanntenkreis, da hat sich Freund und Feind geschieden, der eine Teil reagierte mit Bestürzung, der andere mit Befriedigung. Nach außen war ich nie ein Opfer. Habe nie gejammert, sondern immer die Contenance bewahrt, über alle Maßen.

Wie hat Ihr Körper reagiert?
Mein Körper hat sehr stark reagiert. Ich habe sehr viel gegessen, von Kleidergröße 36 auf 42. Am einen Eileiter hat sich eine Zyste gebil-

det, «Seelenwasser», hat der Arzt gesagt. Ich hatte panische Schübe und brauchte viele Schlaftabletten, auch Tabletten gegen Sodbrennen. Dann all die Medikamente, gegen Herzbeschwerden, Betablocker gegen Stress, und dann der Alkohol: Die ersten paar Monate hab ich erst einmal ordentlich gebechert. Aber das hab ich dann wieder in den Griff gekriegt.

Wie fühlen Sie sich heute?
Ich fühle mich entwurzelt. Natürlich, die Hoffnung ist noch da. Ich bin mir alt, hässlich und dämlich vorgekommen. Ich hab ja auch nie die Zeit gefunden, mich weiterzubilden, hab mich halt auch nie durchgesetzt.

Mittlerweile bin ich vorsichtig, misstrauisch. Ich werde mich nicht mehr so intensiv preisgeben. Ich könnte mir vorstellen, dass ich trotzig werde, ach, ihr könnt mich doch alle. Und dann aber immer diese Angst, wie ein Damoklesschwert, dass diese Hoffnung auf eine neue Stelle nie wahr wird, dass ich am Ende ausgesteuert bin (ohne Arbeitslosengeld) und aufs Sozialamt muss. Dann wieder diese Hoffnung, dass Gott mir nur so viel antut, wie ich ertragen kann. Und immer hatte ich dieses schlechte Gewissen, dass ich arbeitslos bin. Erst die Arbeit, dann das Vergnügen! Ich hab noch jetzt ein schlechtes Gewissen, etwas für mich zu tun. Bin seither nicht in Urlaub gefahren.

Hat sich in letzter Zeit irgendetwas positiv verändert?
Diese tägliche Ohrfeige, nichts zu erreichen, ist hart. Jetzt lerne ich, mich anzunehmen. Ich fange an, mich zu verändern, die Kälte geht weg, auch die Härte.

Wie steht es um Ihre Motivation?
Man muss sich immer wieder aufraffen, immer wieder diese Angst überwinden, dass die doch nur alle eine Junge wollen. Ich wollte mehrmals den Bettel hinschmeißen. Wozu das alles? Aber dann

wollte ich wieder die Contenance aufrecht erhalten, nur ja die Contenance aufrecht erhalten.

Wie geht's weiter?
Unermüdlich, unerbittlich, mit Hochs und Tiefs. Man gewöhnt sich daran, man weiß, was eine Hoffnung ist, was ein Tief ist. Es ist nicht mehr so gravierend.

Was würden Sie jemandem raten, der in Ihrer Situation ist?
Reden, reden, reden. Sich Bedenkzeit geben lassen, nichts unterschreiben. Unbedingt Hilfe fordern, Coaching, Outplacement, Psychologen, Leute, die zuhören. Man muss aber auch wissen, dass sie nicht immer gleich Zeit haben. Man muss sich also in Geduld üben.

Judith ist eine starke Frau, eine Löwin, die kämpfen kann. Kein Wunder dass sie den Moment der Kündigung mit aller Kraft und aller «Contenance» durchgestanden hat. Dafür kam der Einbruch nach anderthalb Monaten umso heftiger: Heulen, Angst, Panik. Auch bei ihr war das Setting der Kündigung zweifellos traumafördernd («Man hat keine Chance»), deutlich zeigt sich die traumatische Verletzung: «Ich bin seither wie aus der Rolle», noch deutlicher aber in ihren Symptomen: Zyste, Medikamente, Alkohol (sie hat zuerst einmal «ordentlich gebechert»). Typisch – wenn auch unlogisch – für traumatische Verletzungen sind die Schuldgefühle danach: «Immer hatte ich dieses schlechte Gewissen, arbeitslos zu sein.» Und ebenfalls deutlich wird das Phänomen der Ansteckung: Judiths Partnerschaft ging in die Brüche, es haben sich «Freund und Feind geschieden».

Wir werden auf dieses Phänomen der Ansteckung im nächsten Kapitel zurückkommen, weil es sich auch auf das «überlebende Team» und auf den Kündigenden selbst auswirken kann. Hier nur so viel: Es ist uns evolutionsbedingt tief eingepflanzt, dass wir uns vor kranken Personen schützen müssen, sie könnten uns anstecken.

Traumatisierte Personen geben in ihrer Verletzung Signale von Panik, Verwirrung, Existenzangst. Von ihrer Umgebung erhalten sie daher Signale der Abwehr, und so ziehen sie sich zurück. Judith ging nicht mehr golfen, sie nahm keine Telefonanrufe entgegen. Die Abwehr der Umgebung kommt aus der Angst, in diesen Strudel der Panik mitgerissen zu werden. Dieses Phänomen kann der Leser leicht nachfühlen: Ist es nicht so, dass man diese Interviews mit einem gewissen Interesse und zugleich mit einem Bedürfnis nach Distanz liest?

Dass bei traumatischen Kündigungen oft die Partnerschaft der Betroffenen in die Brüche geht, bestätigt auch Toni Nadig:

«Häufig steht da eine Übereinstimmung der Beziehungen im Raum, der Bruch der Beziehung zur Partnerin oder der Bruch in der Beziehung zum Arbeitgeber stehen einander nahe. Kommt die eine Beziehung in die Krise, kann die andere die Krise oft nicht bewältigen.»

Dies musste auch Karl erleben. Karl liefert darüber hinaus wohl das deutlichste Beispiel von Traumatisierung, auch wenn gerade er sich am schnellsten davon erholt hat. Karl hat kein Outplacement durchlaufen, er hat sich an den eigenen Haaren aus dem Schlamassel gezogen. Auf die Frage der Resilienz, der Bewältigungsfähigkeit einzelner Menschen, kommen wir später noch zu sprechen. Hier zunächst Karls Geschichte.

Karl

Karl war damals Direktionsmitglied einer Firma und hatte rund 700 Mitarbeiter unter sich. Er war zum Zeitpunkt des Interviews 53 Jahre alt, verheiratet, Vater von zwei Kindern im Jugendalter. Seine Karriere schien unaufhaltsam. Er befand sich gerade mitten in einer teuren, mehrwöchigen Kaderweiterbildung, abgeschottet in einem Luxushotel, als ihn ein Anruf des Chefs Rechtsdienst erreichte: «Sie müssen sofort kommen.»

Frage: Was genau ist danach abgelaufen?
Karl: Ich komme in mein Büro, stehen da zwei Leute, der Chef Rechtsdienst und sein Assistent. «Nehmen Sie Platz», sagt der Chef und legt mir ein Blatt Papier vor die Nase. Ich sehe die Worte «Sofortige Freistellung» und «Ich akzeptiere ...». Ich verlange eine Erklärung und die Beantwortung zweier Fragen. Erstens: Warum? Zweitens: Ich will mit meinem Vorgesetzten sprechen. Antwort: «Sie können jetzt Ihre persönlichen Sachen nehmen, und dann gehen wir.» Wohin? «In Ihr Büro am Hauptsitz.» Ich rufe meinen Anwalt an. Er sagt: «Unterschreibe nichts!» Die beiden verlangen, dass ich mit dem Assistenten im Wagen nach Zürich fahre, in mein zweites Büro. Ich versuche meinen Vorgesetzten zu erreichen. Er ist nicht zu erreichen.

Wie haben Sie sich gefühlt in genau jenem Moment?
Ich denke, ich bin im falschen Film. Ich verstehe nicht, was passiert. Habe doch sonst ein gutes Gespür dafür, was abläuft. Mein Hirn rattert: Was kann es sein? Hat mein neuer Chef Angst vor mir? Auf der Fahrt zum Hauptsitz versuche ich, aus dem Assistenten Informationen herauszuholen. Rede und rede, stelle Fragen. Nichts. Ich denke, ich kann es noch wenden, das wird doch nicht wahr sein, es wird ein Missverständnis sein. Sie geben keine Begründung, sie sind sackgrob, ich bin total machtlos. Irgendwie herrscht totaler Alarm in mir. Ich kenne dieses Gefühl der Notsituation. Ich entwerfe einen Notplan: Was kann ich noch machen, was kann ich noch herausholen, damit ich über Wasser bleibe? Ich habe den Job gut gemacht, ich habe damit gerechnet, dass es weitergeht, und zack, bist du rausgeschmissen.

Wie ging es im Hauptsitz weiter?
Dort ging alles sehr schnell. Die persönlichen Sachen unter Aufsicht packen, dann auf die Strasse.

Wie würden Sie das einordnen, was Ihnen da passiert ist?
Da ist eine gewaltige Türe hinter mir zugeschlagen. Ich war plötzlich ausgeschlossen von Zuhause. Unter der Woche war meine Firma mein Zuhause. Ich verließ mein Haus am Morgen, wenn die Familie noch schlief, und abends kam ich zurück, wenn die Familie schon wieder im Bett war. Ich habe mich dann ins Auto gesetzt und bin losgefahren. Wohin, weiß ich nicht. Nach anderthalb Stunden bin ich zuhause, oben am Waldrand, und schaue auf mein Haus hinunter. Plötzlich ist alles in der Schwebe. Der Vorgesetzte ist nicht zu erreichen, der Personalchef ist in Spanien und der Verwaltungsratsdelegierte in Schweden. Nicht zu sprechen. Dann beschließe ich, ein gutes Nachtessen zu mir zu nehmen, in einem feinen Restaurant. Filet, eine halbe Flasche Rotwein.

Sie gehen nicht ins Haus?
Weiß Gott, warum. Ich fahre nach dem Essen ins Hotel zurück, wo mein Kurs stattfindet, schlafe sofort ein. Morgens um acht rufe ich meinen Personalchef an. Er sagt: «Ich lese gerade, was da passiert ist, warum hat man mich nicht orientiert? Eine Riesenschweinerei. Man wirft Ihnen vor, Sie hätten von einem Sperrkonto Geld abgehoben.» Ein absurder Vorwurf. Ich rufe den Banker an und erzähle ihm davon. Der lacht laut heraus. Das sei ein schlechter Witz. In der Tat wäre es mir gar nicht möglich gewesen, so etwas zu tun. Ich rufe meinen Anwalt an: «Da schießen wir scharf», sagt er. «Wir erheben sofort Klage vor dem Arbeitsgericht!» Da habe ich plötzlich die Idee: «Also habe ich eine Riesenchance.» Ein moralisch gutes Gefühl kommt hoch. Ich hab das gar nicht gemacht, was sie mir vorwerfen. Also bin ich stark! Jetzt geht es nur um eins: das aufdecken! Aber die Ernüchterung folgt sofort: Alle Unterlagen, die ich brauche, um meine Unschuld zu beweisen, sind in meinen Büros.

Fühlten Sie sich machtlos?
Das war ein schwieriger Moment. Ich wusste, ich bin im Recht, aber ich bin allein gegen diese mächtige Institution. Sie lügt, sie beeinflusst Leute, das hat mir zu nagen gegeben. Hat mich hin- und hergeworfen. Bist im Recht und kannst es nicht beweisen. Natürlich hatte ich gute Freunde in meiner Firma, aber sie erhielten Kontakt-Verbot, Rede-Verbot. Keiner wollte sich in die Nesseln setzen, keiner wollte sich mit dem Chef anlegen, sie wären sonst vielleicht sein nächstes Opfer geworden. Das hat weh getan, da hab ich mich verlassen gefühlt. Ihre Unterstützung – und wenn sie nur moralisch gewesen wäre – wäre wichtig gewesen.

Wie hat Ihre Familie reagiert?
Meinen Kindern hab ich es erklärt. Ich wollte ihnen nichts vormachen. Hab gesagt: Ich gehe nicht mehr zur Versicherung, mein Chef hat mich rausgeworfen. Ich wollte keine Märchen erzählen. Wir reden noch heute manchmal darüber, und die Kinder, sechs Jahre sind seither vergangen, finden es gut, dass ich ihnen die Wahrheit gesagt habe.

Ihre Frau?
Sie reagierte im ersten Moment perfekt. Sie blieb ruhig, unterstützte mich. Später ist sie dann wie abgestürzt. Sie bekam Probleme. Wir sind ein Jahr in die Paartherapie gegangen. Ich glaube, das Image, der Status hat ihr gefehlt. Jetzt läuft die Scheidung.

Karl hat diese Katastrophe überlebt, obwohl er im ersten Moment die klassischen Reaktionen einer Traumatisierung durchlief. Die Kündigung war so ungeheuerlich, als wäre sie darauf angelegt gewesen, ihn fertigzumachen, als hätte man die Checkliste für traumatisierende Umstände durchgespielt: Der Schlag kam aus heiterem Himmel, die Täter – man darf sie so nennen – waren «sackgrob» und er «total machtlos». Karls Existenz war in Gefahr, und sein Gehirn schaltete denn auch die natürlichen Notprogramme ein: «Ich denke, ich bin im falschen Film. Mein Gehirn rattert, was kann es sein? Irgendwie herrscht totaler Alarm in mir.» Und als das Ganze vorüber ist, setzt er sich ins Auto und fährt herum, «wohin weiß ich nicht». Das Erlebnis wird nur noch fragmentiert erinnert. Das nächste Erinnerungsfragment kommt erst wieder anderthalb Stunden später, da findet er sich 30 Kilometer entfernt am Waldrand oberhalb seines Hauses. Warum er nicht ins Haus zur Familie geht, «weiß Gott», wie ein verletztes Tier sucht er panisch nach einem einsamen, sicheren Ort, «ein gutes Nachtessen, eine halbe Flasche Rotwein».

Karls Fall zeigt deutlich alle Anzeichen eines traumatischen Prozesses, er weist aber auch exemplarisch darauf hin, was ein Mensch in einer solchen Situation dringend braucht, nämlich Hilfe. Er schafft es, seinen Anwalt zu erreichen, und der sagt: «Unterschreibe nichts!» Das ist das erste Signal, dass nicht alles verloren ist, und am anderen Tag kommen erste Informationen, die ihm Mut machen: «Ich hab das gar nicht gemacht, was sie mir vorwerfen.» Das hilft ihm, den zweiten Punkt eines traumatisierenden Settings zu durchbrechen: «Also bin ich stark! Jetzt geht es nur um eins: das aufdecken!» Karl kann gegen sein Schicksal kämpfen.

Karls Kampf dauerte einige Monate, am Ende musste die Firma sämtliche Vorwürfe zurückziehen und ihm das Gehalt, den Bonus und eine erkleckliche Summe an Schmerzensgeld bezahlen. Trotzdem hat dieser Schlag sein Leben total verändert. In der Branche war er erledigt, «bei solch einem Abgang», seine Ehe stürzte in die Krise, er musste sein Leben vollkommen umstellen. Dass er dabei seine traumatische Verletzung überwinden konnte, mag damit zusammenhängen, dass er Hilfe organisierte und zu kämpfen begann. Seine Resilienz, seine Fähigkeit, sich nach einem solchen Schlag wieder aufzurichten, erklärt er sich mit seiner Lebenseinstellung: «Es kommt ja aus einem Grund zu diesem Eklat, bewusst oder unbewusst. Es passiert und du bist einer der Beteiligten. Du findest nur heraus, wozu das Ganze gut war, wenn du herausfindest, wozu du da bist.

Geh in dich und suche Hilfe, um in die Tiefe zu kommen. Das ist der Schlüssel: Du akzeptierst, dass dir etwas passiert ist. Ich hab da nicht rein gepasst, Punkt. Ich musste da raus, um mein Eigenes zu finden.» Heute ist Karl selbstständig und hilft Investoren, neue Projekte auf die Beine zu stellen.

Die Auswirkung von Kündigungen auf das verbleibende Team

➤ *Die Auswirkungen auf den Rest des Teams: die systemischen Hintergründe bei «unschönen» Kündigungen.* ➤ *Die fehlende Würdigung.*
➤ *Die Konsequenzen. Und der Neue?*

Die Auswirkungen auf den Rest des Teams: die systemischen Hintergründe bei «unschönen» Kündigungen

Als Guido, von dem wir im letzten Kapitel hörten, ahnte, dass eine Massenkündigung bevorstand, gab es in seinem Team «Wolken am Himmel, Unruhe in der Belegschaft, Getuschel, Gerüchte. Hinten herum wurden Dinge erzählt. Das hing wie ein Damoklesschwert über uns: Wann fällt es herunter, auf wen trifft es?»

Als Karl von einer Sekunde auf die andere aus seinem Chefsessel katapultiert wurde, hätte er gerne mit seinen Freunden im Unternehmen geredet, aber «sie erhielten Kontakt-Verbot, Rede-Verbot. Keiner wollte sich in die Nesseln setzen, keiner wollte sich mit dem Chef anlegen, sie wären sonst vielleicht sein nächstes Opfer geworden.»

Als es bei Judith passierte, «haben sich Freund und Feind geschieden».

Jede Kündigung hat Auswirkungen auf diejenigen, die bleiben, denn jede Kündigung ist eine Botschaft an die «Überlebenden».

Wenn einer oder mehrere gehen müssen, dann gerät der Rest des Teams oder die ganze Belegschaft in Unruhe. Könnte es auch mich treffen? Warum musste gerade dieser Kollege oder diese Kollegin gehen, könnten die Gründe dafür auch auf mich zutreffen?

Was da im Hintergrund abläuft, sind uralte Programme. Wir Menschen bilden nun einmal seit Millionen von Jahren Teams, Gruppen, Stämme, Clans, nur so sind wir in der Lage, große Unternehmungen anzupacken. Wir haben gelernt, in der Gruppe zu jagen, ein riesiges Mammut zu erlegen, Raubzüge auf benachbarte Stämme zu führen, Kathedralen zu bauen, den Gotthard zu durchbohren. Das alles gelang nur, weil wir seit jeher Systeme bildeten. Heute sind diese Systeme weltweit vernetzt, und jeder von uns ist irgendwie Teil davon. Wenn nicht, hat er ein Problem.

Gruppensysteme sind älter als unsere Sprache, ja sogar älter als die Menschheit überhaupt. Ameisen bilden Systeme, Vögel bilden Schwärme, Wölfe und Löwen jagen in Rudeln, arbeitsteilig und ohne offensichtliches Kommunikationssystem. Systeme sind älter als jede rationale Überlegung – und – ihre Gesetze wirken mächtiger als jede Hierarchie. Systeme überlappen sich, aber ihre Strukturen sind seit jeher dieselben.

Eine kleine Überlegung hierzu mag das verdeutlichen. Unternehmen bilden hierarchische Organigramme. Je höher einer steht, umso mächtiger ist er. Gleichzeitig bilden sich informelle Systeme, zum Beispiel über die Leistung: Je mehr einer leistet, umso wichtiger ist er für die Gruppe. Oder über die Dauer der Zugehörigkeit: Je länger jemand dabei ist, umso größer ist sein Recht auf Zugehörigkeit zum Unternehmen. Oder schlicht über das Alter: Je älter jemand ist, umso mehr hat er seit Urzeiten ein Anrecht auf Respekt. Mag sein, dass jener Mann, der – wie im ersten Kapitel geschildert – bei der Kündigung kreidebleich wurde, später ins Koma fiel und starb, als einer der ältesten Mitarbeiter mit der wohl längsten Zugehörigkeit besonders gekränkt war. Und mag sein, dass dieser Ausschluss den Rest der Belegschaft besonders empörte.

Systeme folgen Regeln, die bei einer Kündigung eine wichtige Rolle spielen. Wird eine Zugehörigkeit im gegenseitigen Einvernehmen aufgekündigt, dann akzeptiert das System diesen Weggang, es arrangiert sich neu und kommt bald wieder in seine Ordnung. Wird eine Zugehörigkeit einseitig abgesprochen – wegen einer strukturellen Kündigung, wegen mangelnder Leistung oder weil der Chef den Untergebenen einfach nicht ausstehen kann dann –, kommt es sehr darauf an, wie dieser Abgang gestaltet wird. Systeme reagieren äußerst empfindlich auf Ungerechtigkeit. Nicht weil Systeme per se moralisch wären, sondern weil sie effizient bleiben wollen. Ungerechtigkeit stört die Effizienz, die Schlagkraft geht verloren und das System wird gefährdet. Systeme neigen dazu, Ungerechtigkeit so lange im Gedächtnis zu behalten und so lange als «Unwohlsein» aufrecht zu erhalten, bis sie in irgendeiner Form gelöst werden. Die Symptome, die dann auftreten: Verunsicherung, Leistungsabfall, «innere Kündigung», bewusste oder unbewusste Sabotage. Hierzu ein Beispiel.

Die fehlende Würdigung

Das Mitglied eines Geschäftsleitungsteams, Führungscrew eines 250 Mitarbeiter zählenden Unternehmens, bat mich im Rahmen einer Supervision um eine systemische Strukturaufstellung, weil es in seinem Team immer wieder zu seltsamen Reibereien kam, es sich in seiner Effizienz gelähmt fühlte, keine Kraft für große Projekte aufbrachte. Die Aufstellung der Teammitglieder zeigte eine gelähmte Stimmung, kaum einer war in gutem Kontakt zu den anderen, einige schauten betrübt zu Boden, andere in eine Ecke des Raumes. Ich stellte einen Stuhl in diese Ecke und fragte, ob sich etwas ändere, wenn hier jemand auftauche. Sofort belebte sich das Bild, alle waren interessiert an diesem seltsamen Stuhl. Ich fragte, ob in letzter Zeit jemand das Team verlassen musste. Der Klient antwortete: «Ja, vor sechs Jahren ist jemand aus dem damaligen Team ermordet worden.»

Der Mord war damals für alle Beteiligten eine äußerst traumatische Erfahrung. Man versuchte, so schnell wie möglich wieder funktionsfähig zu werden, die Position wurde neu besetzt, man redete nicht mehr über den Mord, man wollte in die Zukunft schauen. Aber ein System duldet es nicht, wenn nach einer Trennung keine Trauerarbeit geleistet wird und wenn derjenige, der gehen musste, in der Erinnerung nicht in seiner Leistung gewürdigt wird. Auch wenn in Folge der Fluktuation die meisten der Teammitglieder den Verstorbenen gar nicht gekannt hatten, so wirkte diese mangelnde Würdigung im Teamgeist doch nach. Ich empfahl meinem Klienten, den Toten öfter würdigend zu erwähnen und bei Strategiefragen hier und da zu überlegen, wie es wohl der Verstorbene gemacht hätte. Ich bat ihn darauf zu achten, ob das eine Veränderung bewirkte. Eine Rückfrage nach zwei Monaten ergab, dass diese «Hausaufgabe» dem Team gut getan hatte, dass es seither gelöster und effizienter arbeitete.

Nun mag der Leser einwenden, eine Kündigung sei doch kein Mord, aber das Beispiel, so krass es ist, zeigt doch das Wesentliche: Ein Abgang wirkt sich störend auf das System aus, umso mehr, wenn dieser Abgang unter traumatischen oder ungerechten Bedingungen geschieht. Ähnliche Beispiele ließen sich anführen, wenn eine Kündigung am Ende eines Mobbings steht, wenn also das Rudel selber oder Teile davon einen Zugehörigen ausgestoßen haben. Das System wird eine Befriedung anstreben, um wieder ins Lot zu kommen. Der Ausgestoßene muss einen Ausgleich erhalten, sein vormaliger Beitrag muss angemessen gewürdigt werden, damit er in Frieden gehen kann und die Zurückbleibenden ihn in Frieden entlassen können. Schuld und ungerechtes Handeln müssen anerkannt und verantwortet werden. Ohne dies bleibt der Stachel im System, und das Team wird sich lange darum herum winden müssen. Unterschwellige Vorwürfe bleiben im Raum, Beziehungen sind gestört, der Fluss der Arbeit leidet unter Reibungsverlusten.

Dieser Sachverhalt der systemischen Reaktion wurde im Laufe der letzten 20 Jahre immer wieder belegt, ausgehend von den Arbeiten der Psychologen Virginia Satir und Bert Hellinger im Familienkontext, später dann von den Organisationspsychologen Gunthard Weber, Mathias Varga von Kibed und Insa Sparrer im Kontext von Organisationen. Organisationen sind Systeme und sie folgen Regeln wie Familiensysteme auch. Diese Regeln sind tief in der Seele der Systemteilnehmer – der Mitarbeiter, der Vorgesetzten, ja sogar der Aktionäre und der Kunden – verankert.

Nun besteht der Ausgleich bei Massenkündigungen in einem Sozialprogramm: Es gibt Abfindungen, Outplacement-Angebote, frühzeitige Pensionierungen. Auch bei Einzelkündigungen wird der Abgang nach Möglichkeit «versüßt», aber das ist nur ein Teil des geforderten Ausgleichs. Wesentlicher sind ehrliche Aufarbeitung und Kommunikation der Gründe, die zur Kündigung geführt haben, und eine Würdigung der geleisteten Arbeit.

Wie fühlt es sich dagegen an, wenn zum Beispiel Leo – der an unserer Untersuchung ebenfalls teilnahm – am Ende einer traumatisierenden Kündigung von seinem Chef mit der Erklärung vor das Team gestellt wird: «Der Leo geht, weil er unfähig ist.» Was bedeutet das für ein Team, das die Fähigkeiten Leos über Jahre bewundert und seine Karriere gespannt mitverfolgt hat? Es wird denken: «Aha, hier kann man leisten, so viel man will, am Ende ist man der Idiot.» Die Loyalität zum Unternehmen wird einbrechen, die Motivation geht in den Keller, jeder beginnt für sich selber Ausstiegs- und Notfallszenarien zu überlegen. Wie hingegen würde es wirken, wenn der Chef sagt: «Es tut mir leid, aber ich kann es nicht mit dem Leo. Er macht zwar einen super Job, aber wir sind vollkommen gegensätzliche Persönlichkeiten, und wir sind übereingekommen, dass er seine Karriere an einem anderen Ort fortsetzt.»

Welche Auswirkungen hätte eine solche Aussage auf das Team, in der der Anteil des Chefs benannt und Leos Arbeit gewürdigt wird? Dank derer Leo sein Gesicht wahren kann?

Was ist teurer, eine angemessene Abfindung, Outplacement und Würdigung oder eine Gruppe von Zurückbleibenden, die verunsichert ist, schlecht motiviert, nicht auf der Höhe ihrer Leistungsfähigkeit und die am Ende noch eine Teambildung braucht?

Die Konsequenzen

In Familiensystemen lässt sich ein seltsamer Vorgang beobachten: Wenn ein Mitglied von der Familie ausgeschlossen wird, etwa weil es ein Verbrechen begangen oder sonstwie Schande über die Familie gebracht hat, dann kann das System über irgendein anderes Familienmitglied, vielleicht einen Enkel oder eine Nichte, versuchen, die Ungerechtigkeit des Ausschlusses wieder zum Thema zu machen, indem dieses jüngere Mitglied einen ähnlichen Weg einschlägt wie der ehemals Verstoßene. Dieser Vorgang wurde unzählige Male beobachtet. Oder ein zweiter Mechanismus: Wenn ein Familienmitglied stirbt, dann entsteht im System ein Sog, und oft sind es Geschwister, Kinder oder Enkel, die diesem Sog aus Liebe folgen: Sie werden depressiv, krank, sie wollen unbewusst dem Verstorbenen nachfolgen. Auch dieses Phänomen lässt sich in der Literatur überall finden. Ähnliche Mechanismen wirken auch in Organisationen.

Familiensysteme dulden keinen Ausschluss, weil das Recht auf Zugehörigkeit durch die Geburt erworben wurde und auch mit dem Tod nicht erlischt. Organisationssysteme dagegen dulden einen Ausschluss, wenn er fair und gerecht abläuft und wenn das bisher Geleistete angemessen gewürdigt wird. Wenn ein Teammitglied aber unter traumatischen oder ungerechten Umständen gehen muss, entsteht im System der Trend, dass eines der bleibenden Mitglieder unbewusst die Rolle des Verstoßenen übernimmt, um die noch immer systemimmanente Ungerechtigkeit auf diese Weise zu thematisieren – es wird aufsässig, unbequem bis hin zu allen Konsequenzen. Gleichzeitig entsteht auch in Organisationen der Sog, dem Ausgestoßenen nachzufolgen. Wie mancher Vorgesetzte musste schon erleben, dass nach einer aufwühlenden Trennung plötzlich der eine oder andere vom verbleibenden Team ebenfalls kündigte?

«Na ja», wird er sich gedacht haben, «schadet nichts, wenn der auch noch geht.» Auf Dauer ist eine solche Einstellung aber gefährlich. Was passiert dabei im Hintergrund? Bei einer traumatisierenden oder ungerechten Kündigung ist die Verbindung zum zurückbleibenden Team nicht gelöst. Auch wenn der Betreffende nicht mehr in Erscheinung tritt und keinen Einfluss mehr auf die Zurückbleibenden hat, figuriert er im System unbewusst immer noch als «Pendenz». Es entsteht eine Zerrissenheit im Team, die sich als Verwirrung, als Lähmung zeigt.

Dazu das Beispiel meines Klienten Hans F. Dieser bat mich um Unterstützung, weil er fürchtete, an den Rand eines Burnouts geraten zu sein. Seine Geschichte: Hans sollte als junger Aufsteiger eine zusätzliche Abteilung übernehmen, die Redaktion einer Fachzeitschrift, welche zunehmend rote Zahlen schrieb und im Markt an Respekt und Auflage verlor. Die Inserenten und die Leser hatten begonnen, sich anderweitig umzusehen. Hans sah auf Anhieb, was mit diesem Produkt falsch gelaufen war: Man war jahrzehntelang komfortabel die Nummer Eins gewesen, Innovation war längst kein Thema mehr, das Team hatte keine natürliche Fluktuation gehabt, es fehlte an frischem Wind. Man hat es immer so gemacht, warum sollte man etwas ändern? Die sieben Redakteure waren allesamt Genies in ihrem Fachgebiet, aber kommunikativ in der Steinzeit geblieben. Hans sah sofort, was die Zeitschrift brauchte: journalistische Wachsamkeit, Dynamik, Qualität. Vom journalistischen Handwerk verstand Hans sehr viel, und in seinem Selbstverständnis als Chef begann er die Leute zu trainieren, zu bilden, zu coachen. Er verlangte von den Leuten einen Wandel, denn, so war er überzeugt, das Produkt hatte seinen Lebenszyklus noch lange nicht vollendet, die erstarkte Konkurrenz zeigte im Gegenteil, dass die Dienstleistung gefragt war.

Nun war da einer im Team, der hierarchisch zwar in der Mitte figurierte, bei dem aber alle Arbeiten wie durch ein Nadelöhr hindurch mussten, der Layouter, der Mann am Desk. Dieser Mann hatte am meisten Schwierigkeiten, das geforderte Know-how zu entwickeln. Er begann Widerstand zu leisten, wurde aufsässig, destruktiv. Hans, zum ersten Mal mit solch einem Konflikt konfrontiert, versuchte alles, um den Mann auf die Reihe zu kriegen, aber alles Reden, alle Mails und schriftlichen Verwarnungen fruchteten nichts, Hans musste die Kündigung aussprechen. Nun glaubte er, das Hauptproblem gelöst zu haben, mit dem Rest des Teams, so glaubte er, würde er klarkommen.

Erst im Nachhinein erkannte Hans, dass dieser Mann in der formalen Hierarchie zwar eine mittlere Rolle spielte, im System aber eine der zentralen und dominanten Figuren war: Sein Aufstand gegen das Neue und gegen den Neuen wurde vom Rest des Teams in Loyalität mitgetragen: «Wenn er gehen muss, gehen wir auch.»

Nun war die Kündigung keinesfalls traumatisch gewesen, sondern sehr korrekt. Trotzdem ging der Rest des Systems lieber mit dem Leader unter, als den geforderten Wandel mitzumachen, denn das System erlebte die Kündigung und besonders den verlangten Richtungswechsel als ungerecht. Die Teammitglieder glaubten an die Glorie der Vergangenheit und daran, dass sie deshalb jederzeit bei der Konkurrenz würden unterkommen können. Hans hatte in der Folge eine Menge zu tun: Er musste sechs Leute ersetzen und gleichzeitig die Produktion aufrecht erhalten, was ihn an den Rand der Erschöpfung brachte.

Wäre dies zu verhindern gewesen? Ob eine Kündigung vom Rest des Systems anerkannt wird, hängt davon ab, ob sie korrekt und gerecht abgelaufen ist, ob die bisherige Arbeit des Scheidenden förmlich gewürdigt wurde und für seine mittelfristige Zukunft gesorgt ist. Dann entsteht nicht der beschriebene Sog, sondern die Überlebenden werden sich mit den neuen Umständen arrangieren. Hätte Hans also den Massenexodus verhindern können? Hätte eine Anerkennung der bisherigen Leistung geholfen, den kollektiven Abgang aufzusplitten und auf der Zeitachse verträglicher zu gestalten? Im Nachhinein ist Hans froh, ein vollkommen neues Team mit engagierten, motivierten, gut ausgebildeten und innovativen Mitarbeitern beieinander zu haben. Aber er hätte diesen abrupten Wechsel gern auch ein wenig ruhiger genommen, fließender, organischer gestaltet. Ohne 80-Stunden-Woche. Und aus heutiger Sicht würde er die geleistete Arbeit des Layouters gebührend würdigen, denn, «er war ja nicht nur schlecht».

Und der Neue?

Systeme halten also Loyalitäten aufrecht, und wenn sie nicht korrekt abgelöst werden, bleiben sie als Pendenzen unbewusst im verbleibenden Team wirksam. Im früher zitierten Beispiel des Geschäftsleitungsteams bestand die Pendenz darin, dass der Ermordete von den Zurückbleibenden nicht in seiner Leistung gewürdigt wurde, weil sein Tod tabuisiert und damit er selber und seine vergangene Leistung in der Erinnerung abgespalten worden war. Nun ist es so, dass Mitarbeiter zwar wechseln können, ihre Position im System aber erhalten bleibt. Der Nachfolger des Ermordeten hatte diese Pendenz unwissentlich übernommen und damit ungefragt vom System den Auftrag erhalten, das Thema aufs Tapet zu bringen. Seine Arbeit wurde ebenfalls kaum gewürdigt, unbewusst wurde er immer am Verstorbenen gemessen, und aus dieser Falle fand er jahrelang nicht heraus. Wie hätte er das auch können? Die systemischen Mechanismen sind weit stärker als jede bewusste Handlungsfreiheit. Nach der Intervention mit der Strukturaufstellung und der darauf folgenden gelegentlichen Würdigung des Ermordeten entspannte sich auch das Verhältnis des Teams zum Nachfolger. Da war es allerdings schon zu spät, er hatte sich nach einer anderen Stelle umgesehen.

Wie also ist es für denjenigen, der an die Stelle des Geschassten tritt? Weiß er von der Geschichte seines Vorgängers? Jeder Personalchef wird bei einem Vorstellungsgespräch die Vorgeschichte des Bewerbers erfragen: «Warum wollen Sie Ihre jetzige Stelle verlassen?» Oder: «Warum wurden Sie gekündigt?» Aber welcher Stellenbewerber fragt schon, warum die Stelle frei wurde und unter welchen Umständen sein Vorgänger das Unternehmen verlassen hat? Und gibt es einen Personalchef, der dem Bewerber dann ehrlich die ganze Geschichte erzählt? Der Vorgänger sei unter traumatischen Umständen aus dem Unternehmen geworfen worden, habe zwar ein Outplacement durchlaufen, aber wegen seiner seelischen Verletzung auch nach zwei Jahren noch keinen Job gefunden? Dass er jetzt von der Sozialfürsorge abhängig sei, wo man ihn als Simulanten bezeichne, und dass dieser Vorgänger seine Tage damit verbringe, mit dem Generalabonnement der SBB kleine Tagesreisen zu unternehmen, die Visitenkarte des damaligen Personalchefs noch immer in der Tasche?

Der Personalchef wird sich hüten, solche Informationen preiszugeben – wenn er sie denn überhaupt hat. Warum? Weil er einen Neuanfang machen will. Aber es gibt keinen Neuanfang, das System hat ein langes Gedächtnis. Würde es helfen, wenn der Neue vom Abgang seines Vorgängers wüsste? Er hätte zumindest eine faire Chance, sein «Erbe» gelegentlich zu thematisieren und damit genau das zu tun, wozu das System ihn drängt.

Nun ist hier sehr viel von systemischen Strukturen und Mechanismen die Rede gewesen. Die systemische Psychologie ist mittlerweile anerkannt und liefert dauernd neue Erkenntnisse. Der noch junge Zweig der systemischen Organisationspsychologie lässt sich vor allem bei Insa Sparrer und Matthias Varga von Kibéd nachvollziehen, ihre Werke sind im angehängten Literaturverzeichnis zu finden. Ziel dieses Buches ist nicht, die Grundlagen dieser psychologischen Richtung noch einmal darzustellen, sondern zu zeigen, welche Strukturen in Systemen bei Kündigungen wirksam sind, und so all die Katastrophen zu verhindern, die ein unnötig traumatisierendes, verletzendes Setting einer Kündigung auslösen kann. Ziel muss es sein, eine Kündigung so zu gestalten, dass sie für den Betroffenen und für die «Überlebenden» zu bewältigen ist. Eine ausführliche Checkliste werden wir im letzten Kapitel präsentieren. Aber vorher noch zwei Beispiele, wie Vorgesetzte von sich aus instinktiv diese Gefahren umschiffen.

Der Leser erinnert sich an Rolf B. aus dem ersten Kapitel, den Ingenieur mit seiner 14-Mann-Firma. Hier noch einmal sein Credo: «Es gibt keine schlechten Leute, es gibt nur Leute, die am falschen Ort sind.» Rolfs Strategie ist nicht, jemanden loszuwerden, sondern ihm weiterzuhelfen. Wie reagiert nun das verbleibende Team auf diese ehrliche und meist erfolgreiche Anstrengung? Es wird Respekt haben vor so einem Chef und es wird denken: Mit mir wird er auch so umgehen.

Und das zweite Beispiel: Ruth F., der Leser erinnert sich, die junge Frau, die ins kalte Wasser springen musste und gleich 30 Entlassungen in einer Woche miterlebte. Ruth war damals in ihrem Familientrauma berührt, und die Aufgabe machte sie «fix und fertig». Drei Monate später standen die Austrittsgespräche an.

«Ich habe mir extra für jedes Gespräch genug Zeit genommen», erzählt sie, «obwohl wir alle total im Stress waren. Die Unternehmensleitung hat uns geraten, das kurz zu machen, um Zeit zu sparen, aber es war mir ernst. Ich gestaltete es als offizielles Gespräch, schließlich war dies der letzte Eindruck, den die Arbeiter nach einem langen Leben im Betrieb nach Hause nahmen.»

Ruth hat dabei instinktiv besonderen Wert darauf gelegt, die Arbeit der Gekündigten in aller Form und ausführlich zu würdigen.

«Das hat ihnen gut getan, und mir auch.» Ruth musste diese Gespräche alleine durchführen, die Vorgesetzten waren bereits anderweitig beschäftigt.

«Manche der Gekündigten sind dabei wieder sehr emotional geworden, das konnte ich verstehen. Aber für sie und mich war das ein guter Abschluss, das Minimum, was man tun kann.»

Ein paar Monate später hat das Unternehmen einen Tag der offenen Tür veranstaltet, um die Umstrukturierung zu zeigen. Damals sind auch viele der Gekündigten nochmals gekommen.

«Ich ging zu allen hin, gab ihnen die Hand und redete eine Weile mit jedem. Es war gut zu spüren, dass sie nicht mir persönlich böse waren.»

Wann wird eine Kündigung zum Trauma?

➤ *Die dreifache Gefahr: Harte Kündigungen können traumatische Verletzungen hervorrufen – beim Chef, beim Gekündigten und beim verbleibenden Personal.* ➤ *Agierender oder Täter?* ➤ *Die «Ansteckung».* ➤ *Die Gefahr für das Team*

Die dreifache Gefahr: Harte Kündigungen können traumatische Verletzungen hervorrufen – beim Chef, beim Gekündigten und beim verbleibenden Personal

In den letzten drei Kapiteln haben wir immer wieder von der dreifachen Gefahr der Traumatisierung gesprochen und dabei in den Raum gestellt, dass nicht nur der Gekündigte und die «Überlebenden» dieser Gefahr ausgesetzt sind, sondern auch der Kündigende selber. Um das zu verstehen, soll hier das Phänomen der «Ansteckung» eingehend erklärt werden.

Der Zürcher Traumaexperte Horst Kraemer war einer der Ersten, die auf dieses Phänomen aufmerksam machten. Er beobachtete, dass bei einer Eskalation der Gewalt oder bei Unfällen nicht nur die Opfer, sondern auch unbeteiligte Zeugen, ja auch der Täter oder Unfallverursacher später oft dieselben Symptome zeigen. Er nennt die Gruppe um das Geschehen herum die «Betroffenen der nächsten Nähe». In seinen Büchern (siehe Literaturverzeichnis) legt Kraemer den offensichtlichen Vorgang der «Ansteckung» eindrücklich dar.

Kraemer selbst betreibt eine Coaching-Firma in Zürich und Wil (www.brainjoin.ch) und bietet Traumageschädigten Hilfe bei der Verarbeitung ihrer Erlebnisse an. Er erzielt große Erfolge bei der Behandlung von Schleudertraumata, aber auch bei Stresspatienten. Kraemer nennt sich Coach. Nicht Therapeut, nicht Berater, sondern Coach, weil ihm dies der einzige Begriff scheint, der auf das erste und wichtigste Gebot bei der Traumaverarbeitung Rücksicht nimmt:

«Eine traumatisierte Person hat tiefe Ohnmacht erlebt», erklärt Kraemer. «Keine Intervention, keine Behandlung darf nur im Ansatz ein Machtverhältnis darstellen, sondern dem Opfer muss im Gegenteil wieder sofortige Souveränität zugestanden werden.» Der Leser erinnert sich an die Situation, als Guido im zweiten Kapitel gekündigt wurde: Hinter der Türe warteten gleich zwei Herren der Outplacement-Firma, die ihn sofort mitgenommen haben. Helfende Herren? Oder ging dabei die Traumatisierung gleich weiter? Guidos Erinnerung: «Es war ein abgekartetes Spiel.»

Kraemer bestätigt im Gespräch auf Anhieb, dass eine Kündigung sehr wohl die Bedingungen für eine Traumatisierung enthalten kann, und er erzählt zuerst, wie er das selber erlebte. In seinem Unternehmen, das mittlerweile an die 30 Mitarbeiter beschäftigt, gab es eine Gruppe von sechs Leuten, die heimlich anfingen, ihr eigenes Ding aufzugleisen. «Anstatt die Firma vorwärts zu bringen, begannen sie den Betrieb zu lähmen, verwässerten die Methoden, suchten ihr eigenes Profil. Statt der Sache zu dienen, haben sie sich zusammengerottet.» Kraemer versuchte es zuerst mit Gesprächen, immer wieder, «ich wollte es besonders gut machen». Das Klassische dabei: Der Konflikt wurde nie direkt angesprochen, sondern Kraemer versuchte alles, um die Abtrünnigen wieder unter den Hut des Unternehmens zu bringen.

«Ich sah nur die Spitze des Eisbergs, den darunter liegenden Teil, die Feindseligkeit, die Entschlossenheit der Gruppe verdrängte ich, die logische Konsequenz – die Trennung – habe ich vor mir her geschoben.» Wenn Konflikte nicht ausgetragen werden, verschieben sie sich in den Körper – ein mittlerweile von der Komplementärmedizin weit herum anerkannter Mechanismus. Kraemer zog sich eine Nierenerkrankung zu und geriet an den Rand eines Burnouts. Erst dann wurde ihm klar, dass er radikal vorgehen musste, wenn er mit seinem Unternehmen die Sache überleben wollte. Er redete mit der Führungsebene und nochmals mit den Betroffenen und sprach am Ende zwei fristlose Kündigungen aus.

Agierender oder Täter?

Warum brauchte selbst der Traumaexperte zuerst eine innere Krisis, bevor er in der Lage war zu handeln? Wir alle versuchen der Gefahr des Konflikts zunächst auszuweichen.

«Für den Vorgesetzten besteht die Gefahr darin, dass er vom Agierenden zum Täter wird», sagt Kraemer und erläutert den Unterschied folgendermaßen: «Der Agierende ist sich seiner Gründe, seiner Motivation und vor allem seiner Macht bewusst, und er weiß, dass er in diesem Moment bei seinem Gegenüber in eine existenzielle Situation eingreift. Er wird sich entsprechend vorsichtig verhalten. Der Täter dagegen ist im Moment des Kündigens nicht im Klaren darüber, warum er dem Mitarbeiter wirklich kündigt, zumindest legt er nicht offen die ehrlichen Gründe auf den Tisch. Er gibt sich auch keine Rechenschaft darüber, welche Macht er ausübt und welchen Schaden er je nach Kommunikation beim Mitarbeiter anrichten kann.»

Er benimmt sich wie der berühmte Elefant im Porzellanladen. Gerade bei lange aufgestauten Kündigungen wegen unvereinbarer Chemie ist dies oft der Fall.

«Früher habe ich immer zu lange gewartet, bin ruhig geblieben, zurückhaltend. Bis es dann plötzlich geknallt hat», erzählte Rolf B. im ersten Kapitel. Wenn es dann «knallt», ist die Situation meist aus dem Ruder gelaufen, der Vorgesetzte wird zum Täter.

Jede Kündigung enthält im Grunde ein Kränkungsmoment. Der

Chef sagt: «Ich will dich nicht mehr.» Das rüttelt am Boden unserer Grundbedürfnisse: soziale Sicherheit, Wertschätzung. Auch bei Mitarbeitern, die längst innerlich gekündigt haben, kommt im Moment der Wahrheit diese Erschütterung – obwohl vorausgedacht – überraschend. Die Kränkung wird evident. Und in diesem Moment fährt der Zug auf die entscheidende Weiche. Der Agierende wird diesen Moment bewusst ertragen und aushalten, er hat die Situation unter Kontrolle. Der Täter dagegen wird Argumente nachschieben, er wird sich rechtfertigen, wird erklären, warum der Gekündigte selber daran schuld ist, dass er gehen muss.

«Dann», so Kraemer, «beginnt das klassische Powerplay von Vorwürfen und Gegenvorwürfen, und in diesem Moment kann es durchaus passieren, dass Leute ausrasten und die Situation eskaliert. Aber durch Kontrollverlust kommt nie ein Sieg zustande. Der Vorgesetzte wird also zu seiner Hierarchiemacht greifen und das Powerplay beenden. Am Ende haben wir einen ungelösten Konflikt mit gegenseitiger Schuldzuweisung. Der Gekündigte ist gedemütigt und der Vorgesetzte hat einen Feind mehr im Leben.»

Dazu das Beispiel von Leo, der im vorigen Kapitel kurz erwähnt wurde, weil sein Vorgesetzter sich vor das verbleibende Team stellte und sagte: «Der Leo geht, weil er unfähig ist.» Leo war zum Zeitpunkt der Kündigung 52 Jahre alt, geschieden, lic.oec.publ., Sales Manager, bei einer Großbank stellvertretender Direktor, Chef über 180 Leute.

Er hatte eine steile Karriere bei einem großen Versicherer hinter sich, als seine Firma mit einer zweiten fusionierte. In der Folge mussten die parallelen Organisationen zusammengeführt werden, es kam zu einem großen Stellenabbau.

Damals hätte er aussteigen sollen. «Aber», sagt Leo, «da setzt sich niemand mit dir zusammen und sagt: Was machen wir jetzt mit dir?»

Frage: Warum sind Sie nicht gegangen?
Ich war wie gelähmt. Ich hatte ein hohes Einkommen, hatte viel Geld an der Börse verlöffelt, pflegte einen unsinnigen Konsum. Die Arbeit selbst war eine Tortur: Ich hatte keinen klaren Auftrag, eine schwache Führung, der Chef war narzisstisch. Mein Umfeld war in den ganzen Turbulenzen zu 80 Prozent damit beschäftigt, die eigene Position zu halten oder gar auszubauen. In ehrlichen Momenten habe ich mich gefragt, was mache ich überhaupt da?

Wie ist es zur Kündigung gekommen?
Man konnte nicht sagen: Wir sind unzufrieden, du bist unzufrieden, also, was machen wir? Man macht ein Zwischenzeugnis. Das hat System: Man zeigt dir deine Unfähigkeit, schriftlich, auf dem Briefpapier der Firma. Da lag also ein fünfseitiger Bericht in meinem Fach, ich schrieb einen fünfseitigen Gegenbericht. Dann kam das Aufgebot des Personaldienstes zu einer Unterredung. Ich fragte nach dem Thema, die Antwort war: «Ihre Zukunft». Sie konnten nicht sagen, was los ist. Sie redeten hin und her, und am Ende ließen sie die Katze aus dem Sack: «Wir möchten uns von Ihnen trennen.» Ich hab nicht realisiert, dass jetzt das passiert, was ich schon seit vier Jahren hätte tun sollen. Mann, ich fuhr einen BMW 535, hatte 350 000 Franken Jahreseinkommen, plus Bonus, ich hatte Angst, mit 51 Jahren keine Stelle mehr zu finden. Ich hätte meinem Chef am liebsten eins auf die Fresse gehauen. Wir stritten über die Beurteilung.

Dieses Beispiel zeigt, was passieren kann, wenn im Vorfeld einer Kündigung nicht saubere Arbeit geleistet wird: Es kommt zu Schuldzuweisungen, zum Streit, zu Aggressionen («Ich hätte meinem Chef am liebsten eins auf die Fresse gehauen»). Und es entsteht eine Situation, in der der Vorgesetzte nicht als Agierender seinen Job macht, sondern am Ende als Täter aus dem Konflikt hervorgeht. Dieses Beispiel zeigt darüber hinaus noch in vielen Details, was alles falsch laufen kann: Schuldzuweisung per Zwischenzeugnis, keine Offenlegung der wahren Gründe, langes Drumherumreden, keine Wertschätzung des bisher Geleisteten, keine sofortige Aussicht auf das weitere Vorgehen. Leo begann zu streiten: «Der Chef hatte immerhin ein schlechtes Gewissen und hat am Ende 20 000 Franken in mein Outplacement investiert.»

Warum hatte der Vorgesetzte ein schlechtes Gewissen? Weil er nicht Agierender geblieben, sondern zum Täter geworden war. Obwohl Leo bereits innerlich gekündigt hatte («In ehrlichen Momenten hab ich mich gefragt, was mache ich überhaupt da?»), war der Moment der Kündigung keine logische Fortsetzung, keine gemeinsame Problemlösung, sondern ein Schlagabtausch mit dem Machtgefälle zwischen den beiden Konfliktpartnern. Die Wirkung?

«Diese Ohnmacht war sehr intensiv», erinnert sich Leo. «Man weiß, es geschieht jetzt, und du kannst es nicht ändern. Nicht mal, dass es passiert, ist der Schock, sondern wie es passiert: so unfair, so ungerecht, mit solch abstrusen Begründungen.» Die Folgen? Leo geht als unterlegener Feind vom Platz, er nimmt Rachegefühle mit, muss zuerst unnötig unten durch:

«Ich hatte große Angst vor der Veränderung, vor der Ungewissheit. Ich wusste nicht, was da kommt. Kann ich überhaupt etwas? Nach der Kündigung hab ich ein paar Wochen lang hyperventiliert. Hab überall mein CV herumgeschickt.»

Leo brauchte ein halbes Jahr Outplacement, brauchte die professionelle Auseinandersetzung mit dem Erlebten, bis er sich im Leben neu orientieren konnte.

Die «Ansteckung»

Und was ist mit dem Vorgesetzten passiert? Um das zu verstehen, rollen wir den Fall von seiner Seite her auf. Der Vorgesetzte hatte bei dieser Kündigung offensichtlich seine Hausaufgaben nicht gemacht. Die Kritik an Leo war nicht der wirkliche Grund, sondern war vorgeschoben. Der Vorgesetzte hat nicht von Mann zu Mann mit Leo über die wahren Kündigungsgründe gesprochen, wie es angebracht gewesen wäre, sondern ihm lediglich ein Zwischenzeugnis ins Fach gelegt. Da ist es nur natürlich, dass es zum Streit kommt.

Horst Kraemer: «Der Vorgesetzte wurde in der Folge logischerweise zum Täter: Er musste nun Leo eine Verletzung beifügen, musste in seinem Drang, sich zu rechtfertigen, versuchen, Leo selbst die Schuld anzuhängen.»

Jetzt kommt der «Point of Pain»: Leo wird ungerecht angegriffen, er erlebt die Ohnmacht, ist unfähig zu agieren, hin- und hergerissen zwischen Flucht und Kampf, er kann seinem Chef «keins auf die Fresse hauen», daraus folgt: Seine Energie bricht zusammen.

«Manche Mitarbeiter», so Kraemer, «wechseln in diesem Moment die Stimmlage, sie werden kreidebleich oder knallrot, manche tun so, als wären sie vollkommen unbeteiligt, manche bekommen Augen, als ob sie gekifft hätten.»

Dies ist der Moment der Traumatisierung. Der Leser erinnert sich an den Mann in Kapitel 1, der beim Kündigungsgespräch kreidebleich wurde und gleichzeitig auf eine so seltsame Art meinte, er sei nicht einverstanden, so dass die Personalchefin Ruth F. glaubte, er mache nur einen Scherz. Wochen später fiel er ins Koma und verstarb. Ruth F. fragt sich noch heute, ob ein Zusammenhang besteht zwischen Kündigung und Tod des Mitarbeiters. Der Moment der Traumatisierung wird unbewusst sehr wohl wahrgenommen, nur oft nicht in seiner Gefährlichkeit erkannt. Auch hat kaum jemand ein Wissen darüber, wie er sich in dieser Situation verhalten soll.

Wie geht es nun in dem Moment weiter, in dem ein Vorgesetzter unwillentlich zum Täter geworden ist? Der eine merkt, aha, der Gegner ist getroffen.

«Nun gibt er entweder erst recht Gas», sagt Horst Kraemer, «weil er sich schon als Sieger wähnt, oder er merkt, hoppla, jetzt bin ich zu weit gegangen. Er bekommt ein schlechtes Gewissen, wird entgegenkommend, will ausgleichen, indem er geduldiger wird, die Vorwürfe ruhiger wiederholt und dabei doch immer nur mehr vom Gleichen bringt.»

Beim Mitarbeiter ist in der Zwischenzeit aber längst der traumatische Prozess angelaufen: Er kann gar nicht mehr zuhören, kann nichts aufnehmen.

Kraemer: «In diesem Stress leiten die Nerven nur noch fragmentiert Impulse weiter. Die Erinnerungen werden in der Folge fragmentiert abgelegt, und das schädigt die neurobiologischen Prozesse. Das Gehirn ist nicht in der Lage, das Geschehen gemäß seinen normalen Regeln zu verarbeiten, der Speicherungsprozess ist überfordert, die Fragmente werden wahllos in der linken und rechten Hemisphäre abgelegt, die Verbindungen zueinander gehen verloren. Später wird das Gehirn versuchen, diese Fragmente doch noch in einen sinnvollen Zusammenhang zu bringen, und dieser Prozess braucht Energie, bindet Ressourcen und sendet zusätzliche Stresssignale in den Körper.»

Darum reden wir hier in diesem Buch von der Gefahr einer traumatischen Verletzung: Bei manchen Traumaopfern bringt das Gehirn nach Tagen, Wochen oder Monaten die Dinge von selber wieder auf die Reihe, bei andern hält die Schädigung ein Leben lang an, wenn nicht professionelle Unterstützung da ist, die dem Gehirn hilft, diese Schlaufe zu beenden.

Es ist wie bei einem Computer, bei dem im Hintergrund dauernd irgendwelche Prozesse ablaufen, während er im Vordergrund nicht die Kapazität hat, ein normales Programm aufrecht zu erhalten. Der Leser erinnert sich an Judith? Oder an Guido aus dem zweiten Kapitel? Trotz Outplacement schafften sie es auch nach zwei Jahren nicht, wieder in den Arbeitsprozess zurückzufinden, die traumatischen Prozesse in ihrem Gehirn fanden kein Ende. Wie viele Gekündigte landen so in ihrer Verletzung unerkannt bei der Invalidenversicherung? Werden dabei vielleicht sogar noch als Versager und Simulanten hingestellt? Das Wissen um traumatische Prozesse steckt noch in den Kinderschuhen. Verschiedene Denkschulen der Psychologie nähern sich dem Thema von unterschiedlichen Seiten an. Zwar weiß die Wissenschaft heute viel um die Prozesse, die in Stresssituationen auftreten, auch anerkennen einige Wissenschaftler, dass ein Trauma weit über normalen Stress hinausgeht, aber welcher Personalchef, welcher Mitarbeiter, welcher Hausarzt erkennt heute ein Trauma und weiß, was zu tun ist? Aber kehren wir zurück zu unserer Situation, in der der Chef zum Täter wird.

Beim Vorgesetzten kann nun genau dasselbe passieren. Im Moment, wo der Konflikt eskaliert und bei dem Mitarbeiter den traumatischen Prozess auslöst, geht das Gehirn des Chefs mit. Auch bei ihm wird die Erinnerung fragmentiert, auch er weiß nachher nicht mehr, was alles gesagt wurde.

«Der Chef geht zwar als Sieger aus dieser Aktion hervor», sagt Kraemer, «aber Täter und Opfer sind danach nicht wirklich getrennt.»

Auch beim Chef fangen die Gedanken an zu kreisen, die Energie geht auch bei ihm verloren, wird gebunden an den im Hintergrund erfolglos laufenden Verarbeitungsprozess.

Kraemer: «Er, der Agierende, ist mit-traumatisiert durch das, was er getan hat. Die Biochemie ist die gleiche.»

Dazu ein Beispiel. Arnold, ein Klient von mir, Chef über 18 Mitarbeiter, suchte Unterstützung, um rechtzeitig aus einem drohenden Burnout herauszufinden. In einem ersten Gespräch zeigte sich, an welchen Fronten er Entscheidungen fällen und Entlastung finden könnte. Unter anderem war da eine Mitarbeiterin, die dauernd krank war und nun wegen einer Erschöpfungsdepression für mehrere Monate ganz ausfiel. Der Rest des Teams litt immer stärker unter der Mehrarbeit, Unmut begann sich auszubreiten. Arnold spürte den zunehmenden Druck des Teams, eine Lösung zu finden.

In einer systemischen Strukturaufstellung zeigte sich sehr schnell, dass das Leiden der jungen Mitarbeiterin nichts mit der Arbeit und dem Team zu tun hatte, sondern in einer ganz persönlichen Herausforderung ihres privaten Lebens bestand. Dies brachte Arnold eine erste kleine Erleichterung, aber sein Versuch, in dieser Aufstellung übungshalber die Kündigung auszusprechen, zeigte, dass noch weitere Zweifel bestanden. Arnold merkte, dass er ein schlechtes Gewissen hatte, dieser Mitarbeiterin zu kündigen, und in diesem Zwiespalt des schlechten Gewissens und des gleichzeitigen Wissens um die Notwendigkeit einer Lösung war er bis anhin stecken geblieben.

Hätte nun Arnold trotz seines schlechten Gewissens am Ende die Kündigung ausgesprochen, wäre er also mit diesem inneren Widerspruch in den Kündigungsprozess eingestiegen, dann wäre das Dilemma spätestens beim entscheidenden Satz voll ausgebrochen. Arnold hätte gegen innere Widerstände gekündigt, um das Team, die Firma zu retten. In seinen eigenen Augen wäre er möglicherweise zum Täter geworden, die Kündigung hätte zum Fiasko werden können.

Nun schauten wir in der Strukturaufstellung dieses schlechte Gewissen näher an und bemerkten, dass es sich nicht auf die Mitarbeiterin bezog, sondern auf etwas in Arnold selber, eine private Erfahrung, die ihn hinderte, klar zu sehen. Nachdem das geklärt war, sah Arnold erstmals ungeschminkt seine Verantwortung gegenüber dem Team und gegenüber der Mitarbeiterin. Er fand Handlungsoptionen, die ihm vorher gar nicht in den Sinn gekommen waren, ein Outplacement für die Mitarbeiterin, eine Standortbestimmung, die er ihr gerne finanzieren wollte. Er entschied, das Gespräch mit dem Arzt der Mitarbeiterin zu suchen, aber auch mit einem befreundeten Psychiater, um die beste Lösung für alle Beteiligten zu suchen.

Hätte Arnold seine Zweifel nicht ganz klar angeschaut, sondern sich über das schlechte Gewissen hinweggesetzt, hätte dies zu einer weiteren Traumatisierung der Mitarbeiterin führen können, und er selber wäre mit sich als Täter nur schwer ins Reine gekommen, ja, er wäre womöglich vom Trauma der Mitarbeiterin angesteckt worden.

Woran merkt ein Mensch, dass er traumatisiert ist? Die körperlichen Symptome sind Erschöpfung, Verwirrung, später Bauchweh («Das macht mir Bauchweh!»), Zusammenzug der Gefäße mit Folgen für das Herz-Kreislauf-System, parallel dazu Schlafprobleme – genau so, wie es unsere Gekündigten im Kapitel 2 geschildert haben. Wenn jemand innerhalb von 24 Stunden nach dem Ereignis gewisse Symptome erkennt, dann hat er die Chance, Trauma und Symptom gedanklich zusammenzubringen, und er sucht vielleicht Hilfe. Wenn er den Zusammenhang nicht erkennt, was meistens der Fall ist, wird er eines Tages zum Arzt gehen und lässt sich auf Magengeschwüre untersuchen, oder er bekommt vom Arzt, wie Judith im zweiten Kapitel, Betablocker, Schlaftabletten, Herztabletten. Es werden erfolglos die Symptome behandelt, der Grund, das Trauma, bleibt unerkannt und unbehandelt.

«Einige haben das Glück», so Kraemer, «dass ihre Frau zuhause sagt: Seit jenem Konflikt damals bist du ganz anders. Wenn eine Traumatisierung aber von niemandem erkannt und behandelt wird, ist je nach Stärke der Verletzung der weitere Verlauf vorgezeichnet, er endet in einer Burnout-Schleife: Die Neurostressfragmentierung bindet Ressourcen, die Leistung sinkt, der Stresspegel steigt. Dadurch sinkt die Leistung erst recht, und das Stresshormon steigt zusätzlich. Blutgefäße und Magen ziehen sich zusammen, der Betroffene fühlt sich unwohl, er isst mehr – oder weniger, seine Verdauung verändert sich, das Gewicht nimmt zu oder ab, die Bewegungsbereitschaft sinkt. Er wird träge, schläft schlecht, die Vitalität nimmt ab. Auf der sozialen Ebene wird er gereizter, er denkt, die Umwelt sei blöde, dabei hat er selber sich verändert, seine Wahrnehmung wird langsamer, er nimmt die Realität noch selektiver wahr, als er es im normalen Zustand schon tat.»

Erinnern wir uns an die Symptomschilderungen der Gekündigten im Kapitel 2. Sie passen haargenau. Auch Toni Nadig, der Outplacement-Berater, kennt diese Symptome bei seinen Klienten.

«Der Körper reagiert mit allen Symptomen, die man sich vorstellen kann. Rund die Hälfte gibt zu, dass sie Medikamente nehmen, Beruhigungsmittel, Schlaftabletten, Sedativa, ‹Xanax›, ein Mittel gegen die Traurigkeit.»

Interessant in diesem Zusammenhang ist das Detail, dass unter unseren Beispielen sowohl Karl wie Leo, die beide ihre traumatische Kündigung verarbeitet und sich in der Zeit danach wieder nach oben gekämpft haben, davon erzählen, dass sie in jener ersten Phase täglich sehr viel Sport getrieben haben. Leo ging kilometerweit joggen.

«Ich bin jeden Morgen früh aufgestanden und habe mich viel bewegt. Ich wurde richtig ehrgeizig, hatte oft Zerrungen und habe dabei sicher übertrieben. Aber es hat mich aus der Depression gerissen.»

Karl fuhr mindestens eine Stunde Mountainbike pro Tag.

«Ich bin extrem bewegungshungrig», sagt er, «und das kann ich als Ventil empfehlen: Da hast du eine andere Dimension, in der du dich gut fühlst.» Dies könnte ein Hinweis darauf sein, dass Ausdauersport, bei dem das Gehirn bekanntlich Glückshormone ausschüttet, dabei helfen kann, dem Gehirn die nötige «Luft» zu verschaffen, um den Prozess der Verarbeitung erfolgreich durchzuführen und abzuschließen. Jogger kennen das Phänomen: Man kann nirgends so gut nachdenken wie beim Dauerlauf.

Die Gefahr für das Team

Wie verhält es sich nun aber mit dem dritten Aspekt der hier beschworenen dreifachen Gefahr? Die «Überlebenden» bzw. das zurückbleibende Team durchläuft, wenn auch in schwächerer Form, dieselben Mechanismen. «Die Ansteckung», so der Traumaexperte Kraemer, «dehnt sich auch auf das Team aus. Denn wir Menschen nehmen unbewusst sehr genau wahr, wie es den anderen geht. Alleine die Vorstellung, es könnte uns ja genau gleich ergehen wie dem Teamkollegen, lässt bei uns dieselbe Panik aufkommen. Das ist evolutionsmäßig auch sinnvoll. Wenn aus meinem Rudel einer weggerissen wird und ich seine Schreie höre, dann wird das abgespeichert. Es hilft mir in einer späteren gleichen Situation zu überleben.» Dass dabei die Fragmentierung mit übertragen wird, nimmt die Natur offenbar in Kauf.

Nun entsteht nach einer unglücklich verlaufenen Kündigung bei den verbleibenden Teammitgliedern gemäß Kraemer der folgende Gedanke: «Mein Teamkollege ist ein Opfer geworden. Offenbar bin ich hier im Feindesland. Ich muss also Strategien entwickeln, mein Territorium zu sichern, nicht durch Leistung und Arbeit, sondern durch Gewinnen von Verbündeten und Abspalten von möglichen anderen Opfern, ich muss Informationen sammeln.»

Zusätzlich zur Verarbeitung der Fragmentierung wird auch für die Suche nach Strategien Energie abgesaugt.

«Die verbleibenden Teammitglieder», so Kraemer, «entwickeln dieselben Symptome: Leistungsabfall, die Belastungsfähigkeit sinkt, die Stresshormone steigen.»

Das Gegenmittel? Richtig kündigen. Fair und umsichtig. Traumatisierende Settings vermeiden und verhindern. Mehr dazu im übernächsten Kapitel. Zuerst aber noch die Frage: Wie finde ich aus dem Trauma heraus?

Strategien der Bewältigung

➤ *Strategien, um das Geschehene zu verarbeiten.* ➤ *Verschiedene Coping-Strategien.* ➤ *Instrumentelles Coping.* ➤ *Verdrängen von Emotionen.* ➤ *Die kognitive Restrukturierung.* ➤ *Der Vergleich mit anderen.* ➤ *Flexibles Coping*

Strategien, um das Geschehene zu verarbeiten

Traumatisches Geschehen überträgt sich, so haben wir im letzten Kapitel gesehen, auf die Umgebung und die Betroffenen der nächsten Nähe. Als wäre ein Stein ins Wasser geworfen worden. Die Wellen breiten sich ringförmig aus und werden schwächer, je weiter sie sich vom Zentrum entfernen. In unserem üblichen Setting der Kündigung steht der Vorgesetzte dabei in nächster Nähe, dann schwappen die Wellen über das verbleibende Team, dann über die Familien der Betroffenen und in immer milder werdender Form über Freunde, Bekannte, Berater und Betreuer.

In meiner Arbeit als Coach mit einzelnen Klienten und Teams erlebe ich immer wieder, dass bei systemischen Strukturaufstellungen solche vergessenen oder verdrängten traumatischen Ereignisse aufscheinen und dass bei ihrer Verarbeitung das ganze Team erleichtert wird, weil das ganze Team die Not unbewusst mitgetragen hat. So ergab es sich zum Beispiel bei der Arbeit mit einer Geschäftsleitung, dass sich in der Aufstellung alle auf eines der Mitglieder bezogen und dabei Gefühle der Besorgnis empfanden. Nun handelte es sich um ein Team, dessen Mitglieder über Europa verstreut einzelnen Ländergesellschaften vorstanden, eine Gruppe also, die sich als Team nur einmal im Monat erlebte. Gegenseitige Besorgnis war nicht gerade das vorherrschende Beziehungselement. Trotzdem war dieses Gefühl vorhanden, und alle waren erstaunt darüber. Auf die Frage, was wohl der Grund dafür sein könnte, begann das betreffende Teammitglied – sichtlich bewegt über diese Anteilnahme – zu erzählen, dass seine Frau seit ein paar Monaten schwer krank sei. Dass er nicht wisse, wie lange sie noch zusammen sein könnten und dass er sich überlege, beruflich etwas kürzer zu treten, um sie in den kommenden Monaten oder Jahren besser betreuen zu können. Alle reagierten darauf mit Betroffenheit, aber auch mit großer Erleichterung. Ein dem Team unbewusster Schmerz und somit ein Hemmnis für seine Leistung war auf den Tisch gekommen, man konnte darüber reden und Strategien entwickeln.

Mit anderen zu sprechen ist eine der Hauptstrategien, die wir Menschen entwickelt haben, um Schicksalsschläge zu verarbeiten. Nun sind aber gerade wir Männer nicht sehr stark in dieser Kompetenz, wir neigen eher dazu, schweigsam und heldenhaft Unangenehmes wegzustecken und unsere Energie in Vorwärtsstrategien zu investieren. Aber wenn das Fundament wackelt, nützt es nichts, Mittel in die oberen Stockwerke zu stecken, es braucht zuerst eine solide Sanierung des Grundgefüges. Bevor wir die unterschiedlichen Coping-Strategien (Bewältigungsstrategien) anschauen, vielleicht aber noch ein Beispiel, wie es eben gerade nicht funktioniert.

Einer unserer Interviewpartner bei unserer Arbeit über traumatische Kündigungen war Ernst, ein Bär von einem Mann, früher 15 Jahre lang Controller bei einer Versicherung, dann überraschend und brutal auf die Straße gestellt. Ernst hatte es trotz Outplacement auch nach zwei Jahren nicht geschafft, eine neue Stelle zu finden. Zum Zeitpunkt des Interviews war er 56 Jahre alt. Im Gespräch war er sehr gefasst, konnte aber ein dauerndes Zittern nicht unterdrücken.

Frage: Für welche Strategie haben Sie sich nach der Kündigung entschieden?
Ernst: Am Anfang nahm ich das Ganze positiv. Ich fragte mich, in welche Richtung ich gehen wollte. Ich habe grundsätzlich eine positive Einstellung. Als Controller ist man immer lösungsorientiert. Es gab keinen Einbruch. Mein Ziel ist es, Vorstellungsgespräche zu bekommen, eine Stelle zu finden.

Ihre Motivation?
Immer hoch. Am Boden war ich nie. Irgendwann muss es klappen. Den Bettel hinschmeißen? Nie. Ich habe keine Depressionen, ich muss einzig Medikamente nehmen, Cholesterinsenker, weil ich Herzinfarkt gefährdet bin.

Alkohol?
Alles im Griff.

Und jetzt?
Jetzt kommt langsam das Materielle. Die Aussteuerung (Einstellung der Arbeitslosenhilfe) steht bevor. Ich bin verantwortlich und stehe dazu.

Ihr Vertrauen?
Mein Vertrauen in einen möglichen Arbeitgeber ist gleich wie vorher: Du bist eine Schachfigur.

Ihre Einschätzung Ihrer Chancen?
Gleich wie vorher: Die Zahlen müssen stimmen. (Hält die Brille, zittert.) Die Zahlen müssen stimmen. Die Sozialverantwortung hat schwer abgenommen. (Langes Schweigen)

Wie ist Ihr Selbstwertgefühl?
Immer noch gleich, fühle mich nicht schlechter als vorher.

Wohin möchten Sie sich entwickeln?
Dasselbe wie vorher. Nichts anderes. Möglichst schnell einen Job. Möglichst denselben. Einfach an einen Job herankommen. Ich habe 200 Bewerbungen geschrieben, drei- oder viermal konnte ich mich vorstellen. Aber ich habe ein Defizit (wirkt nun sehr gestresst, zittert), ich kann mich nicht so gut verkaufen.

Ernst hat sich für eine Heldenstrategie entschieden, um sein Trauma zu bewältigen. Ich nenne sie so, weil das Bild des Helden, dem wir Männer schon in früher Kindheit und Jugend begegnen, von uns fordert, standhaft zu bleiben, Schwierigkeiten wegzuschieben, Widerstand zu überwinden. Ernst hat dies versucht, indem er standhaft an seinem Eigenbild festhält. «Ich bin Controller.» Er verschickt Bewerbung um Bewerbung und gibt die Hoffnung auch nach 200 Absagen nicht auf. Körperliche Symptome, die ihm anzeigen, dass er auf dem falschen Weg ist, unterdrückt er mit Cholesterinsenkern, Motivationseinbrüche überwindet er mit aller Kraft, und die Verlockung, mit Alkohol zu entspannen, hat er «im Griff».

Mit der Kraft aus dem Archetyp des Helden vermögen wir bekanntlich Großes zu leisten, aber die Heldenstrategie eignet sich nur für kurzfristige Einsätze und auch nur für ein gewisses Alter. Nach 200 Absagen wäre die Suche nach einer anderen Strategie wohl angebracht. Trotzdem ist diese Strategie die erste, die uns in den Sinn kommt. Wir wollen ja die Situation so schnell wie möglich entschärfen.

Wenn nun Vorgesetzte im Verlauf einer Kündigung von einem Trauma angesteckt werden, dann werden sie versuchen, sofort wieder zur Tagesordnung überzugehen. Sie kommen zwar aufgebracht, erschüttert oder wütend aus dem Kündigungsgespräch, aber sie «fassen» sich, nehmen sich zusammen, reißen sich am Riemen. Schließlich wartet das nächste Meeting, das nächste Problem, die nächste Herausforderung. Man wird sich schon wieder beruhigen. Kurzfristig funktioniert diese Strategie, mittelfristig zehrt sie an den Energiereserven, und langfristig redet man dann von Herzkathetern, Stents, Bypass oder Magengeschwüren, Burnout, Depression. Um besser zu verstehen, wie wir Menschen solche Erschütterungen, Schicksalsschläge oder Traumatisierungen bewältigen, fügen wir hier einen kurzen Überblick über den Stand der wissenschaftlichen Forschung ein.

Verschiedene Coping-Strategien

Eine relativ neue Forschungsrichtung in der Psychologie untersucht die Frage des Copings: Welche Bewältigungsstrategien lassen uns aus Lebenskrisen stärker und kompetenter hervorgehen? Neuere psychotraumatologische Werke (Fischer & Riedesser, 2003; Resick, 2003) nennen folgende persönlichkeitsabhängige Abwehr- oder Copingstile: Die Selbststeuerung (instrumentelles Coping), die Analyse und Verarbeitung von Emotionen (expressives Coping), die kognitive Restrukturierung (z.B. durch narrative Bewältigung) sowie die gleichzeitige Implementierung von verschiedenen, situationsangepassten flexiblen Bewältigungsstrategien (resilient coping, das im Deutschen wörtlich mit «abfedernd», sinngemäß etwa mit widerstandsfähigem oder flexiblem Coping übersetzt werden kann).

Instrumentelles Coping

Instrumentelles Coping ist unmittelbar auf die Lösung des Problems an sich gerichtet. Wir haben dieses Vorgehen vorher als «Heldenstrategie» bezeichnet. Diese Anstrengungen werden unmittelbar nach dem Ereignis begonnen und können einige Zeit andauern. Resick (2003) beschreibt, dass alltägliche Stressbewältigungsstrategien, ob sinnvoll oder nicht, wahrscheinlich auch für den Umgang mit traumatischen Stressoren genutzt werden. Der Betreffende versucht, sofort in der Welt wieder seinen Mann zu stehen und handlungsfähig zu werden. Bei traumatischen Verletzungen hilft das aber wenig. Die dazu benötigte Energie ist im Selbstheilungsversuch des Gehirns gebunden. Dazu kommen die intensiven negativen Gefühle, die immer wieder ins Bewusstsein auftauchen und alleine schwer zu verarbeiten sind.

Verdrängen von Emotionen

Emotionen werden gemeinhin immer noch als hinderliche Störfaktoren betrachtet, obwohl bekannt ist, dass Emotionen wertvolle Informationen und Lösungshinweise liefern können (Ernst, 2002). Die Verdrängung als Abwehrmechanismus gegen übergroße Angst ermöglicht den Betroffenen jedoch kurzfristig einen Ausweg aus dem Leidensdruck und damit eine relative innere Sicherheit. Dies führt dazu, dass Betroffene oft der Analyse des eigenen Gefühlschaos ausweichen und sich in Aktionismus oder Ablenkung (instrumentelles Coping) stürzen, wenn sie nicht in einer ebenso schädlichen Art von Selbstlähmung verharren. Würden sie ihre Gefühle ausdrücken, hätten sie wenigstens einen Zugang zu ihren Ressourcen. Dabei scheint aber emotionales Unterscheidungsvermögen von zentraler Bedeutung zu sein: Wer seine Gefühle richtig einordnet («mood labeling» und «mood monitoring») (Ernst 2002), lernt sich durch Bewusstwerdung und Integration seiner Gefühle allmählich von ihnen zu distanzieren.

Die kognitive Restrukturierung

Die durch die eigene kognitive Restrukturierung erhaltene Klarheit kann helfen, sich wieder in der Welt zu positionieren. Erzählen kann dabei eine ausgezeichnete Strategie sein. Beim biografischen Erzählen ist für den Betroffenen nicht eine objektive Wahrheit von Interesse, sondern das «Funktionieren» einer Erzählung. Es geht um eine Sinnzuschreibung und um Reflexion der Situation und Reaktionen.

Der Betroffene kann einerseits das verstörende Erlebnis rekonstruieren und nacherleben, andererseits beschreibt er seine eigenen Gefühle während dieser Erfahrung und analysiert und ordnet das traumatische Ereignis, indem er es mit anderen Erfahrungen vergleicht. Seine Gefühle zur Situation verändern sich, er entwickelt eine neue «narrative» Identität.

Nach Lazarus und Folkman (1984, S. 151) bezeichnet kognitive Restrukturierung «kognitive Manöver, welche die Bedeutung einer Situation ändern, ohne sie objektiv zu verändern, gleichgültig, ob diese neue Auffassung auf einer realistischen Interpretation von Schlüsselreizen beruht oder auf einer Verzerrung der Realität.» Die meisten Menschen haben ein Bedürfnis, ein Ereignis zu verstehen und kausal zu erklären, um so zukünftige Geschehnisse vorhersagen zu können, um sie zu kontrollieren oder um sie sinnvoll in einen größeren Zusammenhang, in ein Weltbild zu integrieren. Deshalb erzählen wir unsere Geschichten so weiter, dass sie einen Sinn für uns und für die Zuhörer ergeben. Und wir geben dabei diesen Geschichten ganz neue Bedeutungen. Verschiedene Ansätze im Bereich der klinischen Psychologie (existenzielle, konstruktivistische usw.) haben sich mit der persönlichen Auslegung von Ereignissen und ihren Auswirkungen beschäftigt (Resick, 2003).

Der Vergleich mit anderen

Der Sozialpsychologe Leon Festinger hat diese Strategie in seiner «Theorie des sozialen Vergleichens» schon 1954 formuliert: Wenn der Mensch keinen objektiven Maßstab für die Beantwortung einer Frage über sich selbst hat, dann vergleicht er sich mit anderen. Dies wurde in zahllosen Experimenten bestätigt. Festinger ging davon aus, dass wir uns vorzugsweise mit Menschen vergleichen, denen es etwas besser geht als uns. Die Selbstwahrnehmung wird dabei zu unseren Gunsten verzerrt, damit wir uns der Illusion hingeben können, dass wir zu jenen Besseren gehören und uns in wichtigen Merkmalen abheben gegenüber denjenigen, die wir als «unter uns» stehend betrachten. Wie jeder persönlich nachvollziehen kann, verbessert dies das Selbstwertgefühl. Inzwischen hat die Psychologie auch die enorme Bedeutung von Abwärtsvergleichen, vor allem in kritischen Lebenssituationen, entdeckt. Vergleiche ‹nach unten› können ebenfalls das Selbstwertgefühl steigern und die eigene Handlungsfähigkeit verbessern. Aufwärtsvergleiche mobilisieren eher den Ehrgeiz, während Abwärtsvergleiche eher trösten und mit dem Schicksal versöhnen («Wenigstens bin ich nicht so tief gesunken wie der da drüben»).

Flexibles Coping

Fischer und Riedesser (2003) verweisen auf das flexible «resilient Coping» als erfolgreiche Art, mit Stress und bedrohlichen Situationen umzugehen. Verschiedene Kontrollstrategien (realistische Wahrnehmung, praktische Lösungsstrategien, Veränderung der eigenen Bewertung) kommen zum Einsatz. Gefühle, auch schmerzhafte, werden zugelassen. Bei unabänderlichen Situationen wird ein Versuch der kognitiven Neu- und Umbewertung unternommen, um ein relatives Gleichgewicht zwischen Individuum und Umwelt wiederherzustellen. Dieser pragmatische Ansatz ist sehr erfolgreich, aber ohne Unterstützung von außen kaum vollziehbar.

Bei genauerem Hinsehen zeigt sich nun, dass unsere Beispielspersonen ganz verschiedene Coping-Strategien angewandt haben. Ernst, von dem gerade eben die Rede war, hat sich mit Hilfe des instrumentellen Coping versucht, sofort wieder in die Arbeitswelt einzugliedern. Er hat 200 Bewerbungen geschrieben. Auch hat er versucht, seine Emotionen zu verdrängen («Depression? Alles im Griff»), um sich Ruhe im Gehirn zu verschaffen. Auch Guido, der zuvor erzählt hat, wie er zum Chef musste und sogleich spürte, was auf ihn zukommen würde, hat die Wut «sofort weggesteckt, aus psychohygienischen Gründen». Diese Strategien funktionieren manchmal ganz gut. Wenn jemand in einer Reitstunde vom Pferd fällt, dann ist es hilfreich für das Pferd und den Reiter, wenn der Heruntergefallene sofort wieder aufsteigt, seine Emotionen in den Griff bekommt und weiterreitet. Ruhe und Normalität werden sofort wiederhergestellt. Aber in komplexen Situationen, und vor allem, wenn traumatisches Geschehen im Spiel ist, reichen diese Strategien nicht.

Ruth F., die in Kapitel 1 erzählt, wie sie die 30 Kündigungen bei langen Gesprächen zuhause mit ihren Eltern narrativ abgearbeitet hat, benutzte dabei die schon viel effizientere Strategie der kognitiven Restrukturierung. Durch das Erzählen des Erlebten und durch die Verbindung, die sie zu den Erlebnissen in der Kindheit herstellte, wo ihr eigener Vater auf ähnliche Weise gekündigt wurde, bekamen die Geschehnisse eine neue Bedeutung und einen Sinn. Auf diese Weise konnte Ruth das Erlebnis in ihr Leben integrieren.

Ebenfalls erfolgreich hat sich Karl quasi an den eigenen Haaren aus dem Sumpf gezogen. Der Leser erinnert sich an den Direktor über rund 800 Angestellte, der mit Lügen und falschen Vorwürfen von einem Tag auf den anderen aus einer glänzenden Karriere hinaus katapultiert wurde.

«Es kommt ja aus einem Grund zu diesem Eklat», sagt er im Interview, «bewusst oder unbewusst. Es passiert, und du bist einer der Beteiligten. Du findest nur heraus, wozu das Ganze gut war, wenn du herausfindest, wozu du da bist. Geh in dich und suche Hilfe, um in die Tiefe zu kommen. Das ist der Schlüssel: Du akzeptierst, dass dir was passiert ist. Ich hab da nicht reingepasst. Punkt. Ich musste da raus, um mein Eigenes zu finden.»

Karl hat damit ziemlich genau die Strategie des «resilient coping» angewandt: Er hat realistisch wahrgenommen, was genau abgelaufen ist. «Es passiert, und du bist einer der Beteiligten.» Er hat sich nicht als Opfer ergeben, sondern Kraft als Handelnder gesucht. Er hat prozessiert, ist viel Velo gefahren, hat eine Ehetherapie begonnen. Er hat praktische Lösungsstrategien entwickelt. Dann hat er eine Veränderung der eigenen Bewertung vorgenommen: «Ich hab da nicht reingepasst. Punkt. Ich musste da raus, um mein Eigenes zu finden.» Gefühle, auch schmerzhafte, hat er zugelassen: «Da ist eine gewaltige Türe hinter mir zugeschlagen. Ich war plötzlich ausgeschlossen.» Angesichts der Unabänderlichkeit seiner Situation hat er eine kognitive Neu- und Umbewertung vorgenommen: «Du findest nur heraus, wozu das Ganze gut war, wenn du herausfindest, wozu du da bist.»

Nun kann man nicht erwarten, dass jeder Mensch auf Knopfdruck die passende Strategie bereit hat, um einen Schicksalsschlag wie eine Kündigung erfolgreich zu verarbeiten. Deswegen macht Outplacement oder eine professionelle Traumaverarbeitung so viel Sinn. Hier kann eine Neu- und Umbewertung des Geschehens stattfinden, aus der der Betroffene gestärkt hervorgeht, er findet sein Eigenes. Ohne diese Hilfe bleibt mancher im traumatischen Prozess hängen, wie die Beispiele von Judith, Guido und Ernst gezeigt haben.

Was bedeutet dies nun aber für Vorgesetzte und für die verbleibenden Teammitglieder, die durch das Trauma des Gekündigten gestreift und «angesteckt» werden? Das Team kann sich helfen, indem es immer wieder über den Vorfall spricht (narrative Rekonstruktion), das Geschehen genau analysiert (realistische Wahrnehmung), das weitere Vorgehen plant (praktische Lösungsstrategien entwickeln) und indem es anschaut und annimmt, was die einzelnen Teammitglieder selber zur Eskalation der Situation beigetragen haben (Veränderung der eigenen Bewertung). Gefühle, auch schmerzhafte, dürfen zugelassen werden. Bei unabänderlichen Situationen kann ein Versuch der kognitiven Neu- und Umbewertung gestartet werden: «Das alles hat seinen Sinn, und nun machen wir das Beste daraus.»

Für den Vorgesetzten, der aufgewühlt aus dem Kündigungsgespräch herauskommt, bedeutet das, dass er sich zuerst einmal genügend Zeit nimmt, sich in Ruhe hinsetzt oder noch besser einen Spaziergang macht. Da kann er das Geschehene so genau wie möglich erinnern (realistische Wahrnehmung), womöglich jemandem davon erzählen (narrative Rekonstruktion), seinen Beitrag zur Situation anschauen (Veränderung der eigenen Bewertung) und Gefühle, auch schmerzhafte, zulassen. Die kognitive Umbewertung kann er leisten, indem er danach fragt, was das Geschehen für ihn bedeutet, was er daraus lernen kann und was dabei ein «Geschenk» an ihn sein könnte.

Der Traumaexperte Horst Kraemer gibt in seinem Buch «Trauma-Bewältigung» darüber hinaus noch den Tipp, bei diesem Verarbeitungsprozess gleichzeitig die Zusammenarbeit der beiden Gehirnhälften anzuregen, indem etwa jemand mit den Fingern schnippt, abwechslungsweise links, rechts, um so dem Gehirn die Möglichkeit zu bieten, die fragmentierte Ablagerung der Erinnerung in den beiden Gehirnhälften sofort wieder zu vernetzen, die Erinnerungsstücke zu vervollständigen und zusammenzuhängen.

Nun mag der eine oder andere Leser einwenden, dass er nicht nach jeder aufwühlenden Sitzung Zeit und Raum hat, auf einen Spaziergang zu gehen und dabei womöglich noch mit den Fingern zu schnippen. Aber wer sich einmal die Mühe nimmt, die flexible Coping-Strategie durchzuspielen, wird sehen, wie effizient sie ist, wie der Energiepegel dabei wieder steigt und die Handlungsfähigkeit wiederhergestellt wird.

Dazu vielleicht noch ein letztes Beispiel, das sehr schön zeigt, wie dieses flexible Coping zu ganz neuen Handlungsoptionen führen kann, wenn auch die letzten beiden Schritte vollzogen werden, das Zulassen von heftigen Gefühlen und die kognitive Umbewertung.

Christian F, ein Klient von mir, bat mich, ihn in einem Veränderungsprozess zu unterstützen. Er besitzt und führt ein kleines Unternehmen mit elf Mitarbeitern. Er sah die Krise kommen, erlebte, wie Aufträge zurückgenommen wurden, wie Kunden absprangen oder heftige Preisnachlässe verlangten. Christian überlegte sich, wie er dieser Entwicklung rechtzeitig gegenübertreten könnte, und hatte sich bereits eine Strategie zurechtgelegt: Würde er zwei bis drei Leuten kündigen, wäre sein Unternehmen fit genug, um eine Durststrecke zu überstehen. Christian wollte diese Straffung seines Unternehmens so verantwortlich wie möglich durchziehen. Sein Anliegen formulierte er folgendermaßen:

«Ich möchte gute Lösungen finden für diejenigen, die gehen müssen, und am Ende ein Team beisammen haben, das in sich stimmt und effizient arbeitet.»

Er versuchte sich von jedem Mitarbeiter ein klares Bild zu machen bezüglich dessen Rolle im Unternehmen, seine persönliche Situation, seinen familiären Hintergrund, seine Chancen auf dem Arbeitsmarkt. Aber irgendwie nagten noch Zweifel an ihm, ob dies überhaupt die richtige Strategie sei oder ob es vielleicht eine Alternative dazu gäbe.

Nach einem ersten Gespräch, in dem auch diese Zweifel thematisiert wurden, formulierte er sein Anliegen neu: «Ich möchte sicher sein, das Richtige zu tun für das Unternehmen.»

Wir entschieden uns, seine Situation und diejenige seines Unternehmens mit einer systemischen Strukturaufstellung anzuschauen. Es gibt verschiedene Möglichkeiten, eine systemische Struktur aufzustellen, man kann dies im Einzelcoaching tun, mit den Betroffenen selber (Teamcoaching) oder mit unbeteiligten Personen. Wir entschieden uns aufgrund der Komplexität seiner Situation, sein ganzes Unternehmen mit Unbeteiligten in einem Seminar aufzustellen. Systemische Strukturaufstellungen mit menschlichen Repräsentanten sind ein Gruppensimulationsverfahren, mit dem Ziel, Beziehungen im System darzustellen und daran zu arbeiten.

Als dann die Struktur der Firma im Raum stand, zeigte sich sehr schnell, dass es um etwas ganz anderes ging als darum, herauszufinden, wer allenfalls gehen müsse. Seine Mitarbeiter – beziehungsweise deren Stellvertreter – hatten durchwegs gute Beziehungen untereinander, sie waren alle bereit, die Krise zu meistern, anzupacken, Ideen zur Verbesserung beizusteuern, sie waren voll motiviert, als Team der Krise zu trotzen, und jeder von ihnen fühlte sich voll im Unternehmen integriert und zugehörig. Aber alle äußerten sie ein großes Unbehagen gegenüber dem «Chef». Sie warfen ihm vor, dass er der Einzige war, der am Überleben des Unternehmens zweifelte, dass er nicht entschieden dafür einstand, dass er seinen Job, nämlich zu führen, nicht wahrnahm, sondern wie das Kaninchen vor der Schlange erstarrt war angesichts der kommenden Krise. Und das nahmen ihm die Mitarbeiter sehr übel. Der «Chef», also der Stellvertreter meines Klienten, musste sich eine Menge unangenehmer Dinge anhören. Er wand sich hin und her, drohte zwischendurch, das ganze Unternehmen aufzulösen, alle zu entlassen, und die Reaktion der Mitarbeiter war: «Hauptsache, du entscheidest dich endlich.»

Genau so wand sich währenddessen mein Klient Christian, der dem Geschehen von außen zuschaute. In diesem Moment leistete er den zweitletzten Schritt des flexiblen Copings: Er ließ die schmerzhaften Gefühle zu, die da auftauchten, angesichts der ungeschminkten Vorwürfe seiner Mitarbeiter. Danach war er fähig, den letzten Schritt der Coping-Strategie zu tun. Für das kognitive Umbewerten stellte ich Christian ins Bild an die Stelle seines Stellvertreters, und da sah er sein Unternehmen nun von einer ganz neuen Seite: Er sah sich vor eine Mannschaft gestellt, die keinesfalls aufgeben wollte, sondern im Gegenteil bereit war, mit aller Kraft vorwärts zu gehen, sie wollte nur, dass er sich für sie entscheide, dass er sie führe und dass er wie sie ans Unternehmen glaube.

Mit diesem Bild ging Christian nach Hause in sein Unternehmen zurück, und ein Nachgespräch nach ein paar Tagen ergab, dass das Kündigen gar kein Thema mehr war.

Dieses Beispiel zeigt, wie erfolgreich menschliche Coping-Strategien sein können, und es macht auch darauf aufmerksam, dass eine Kündigung manchmal gar nicht das einzige Mittel sein muss, um ein Problem zu lösen. Um das richtige Mittel herauszufinden, ist es deshalb so wichtig, sich selber ganz ehrlich nach dem Grund für die Kündigung zu fragen. Dies ist der erste Schritt auf einer Checkliste, wie sie im folgenden Kapitel dargestellt wird. Denn wenn schon gekündigt werden muss, dann soll dies so geschehen, dass der Schritt am Ende für alle Beteiligten der richtige ist.

Checkliste für die faire Kündigung

➤ *Wie bestehe ich die Gefahren: Es braucht eine Kündigungskultur.*
➤ *Checkliste für die umsichtige und faire Kündigung*

Wie bestehe ich die Gefahren: Es braucht eine Kündigungskultur

«Die Art, wie jemand gekündigt wurde, ist entscheidend für sein weiteres Fortkommen», sagt Toni Nadig, der zusammen mit seiner Geschäftspartnerin Brigitte Reemts in Zürich ein Outplacement-Büro führt. «Immer noch zu oft erleben wir Klienten, bei denen ein beträchtlicher Landschaden hinterlassen wurde.» Nadig ist seit Jahren in diesem Geschäft und kennt die Bedingungen, unter denen seine Klienten oft zu ihm kommen: «Schockiert, verletzt, gedemütigt.»

Wie erfolgreich ein professionelles Outplacement sein kann, haben Nadig und Reemts in ihrem Buch «Entlassung – Entlastung?» eindrucksvoll dargelegt. Allerdings sind die beiden darauf angewiesen, dass ihre Klienten nicht traumatisiert zu ihnen kommen. Denn auch ohne Trauma ist ihr Job schon schwer genug.

«Die meisten, die zu uns kommen, haben ihre Geschichte innerlich bereits festgeschrieben und wollen mit uns in erster Linie eine neue Stelle finden», sagt Nadig. «Die psychische Bedürftigkeit, die Aufarbeitung der Demütigung, wird dann vorerst einmal beiseite geschoben. Viele merken erst nach Monaten, was an Verletzung passiert ist, und es braucht viel, bis sie es begreifen und zugeben können. Sie wollen sich ja in erster Linie bewerben.»

Nadig arbeitet mit Rollenspielen und übt Bewerbungsgespräche vor laufender Videokamera. Der «Personalchef» sieht sich das Curriculum Vitae des «Bewerbers» an, da steht vielleicht noch nichts von der Kündigung, und er fragt, wie es dem «Bewerber» an der jetzigen Stelle gefällt. Oder der «Personalchef» weiß von der Arbeitslosigkeit des Bewerbers und kommt auf die Kündigung zu sprechen. Er fragt nach dem Wie und nach dem Warum. «Spätestens dann», sagt Nadig, «beginnt bei unseren Klienten der große Tanz. Sie stottern, werden nervös, unruhig, unsicher. Sie können nicht sagen, was die Wahrheit ist. Und wenn sie sich dann das Video anschauen, beginnen sie zu begreifen, dass zuerst die ganze Wahrheit auf den Tisch muss, auch die seelische Verletzung. Erst dann können wir anfangen zu arbeiten. Dann können wir uns den richtigen Fragen stellen, nämlich: Was kann ich? Was will ich? Und dann hört das auch auf, dass die Leute hundert Bewerbungen rauslassen und hundert Absagen einkassieren. Dann erst beginnen sie sich selektiv da zu bewerben, wo sie wirklich gerne hin möchten und auch das Zeug dazu haben.»

Die in diesem Kapitel folgenden Überlegungen zum Thema faire Kündigung gründen auch auf den Erfahrungen von Nadig und Reemts. Sie haben von ihren Klienten Hunderte von Geschichten gehört und wissen, worum es beim Kündigen geht. Für die Interviews, die sie mir gewährt haben und ihre Inputs möchte ich mich an dieser Stelle in aller Form bedanken. Ihr Engagement in diesen Fragen geht weit über die professionelle Dienstleistung ihres Outplacements hinaus. Nicht zuletzt, dass sie mir ihre Erkenntnisse uneigennützig zugänglich gemacht haben, mag dies belegen.

Wenn ein Gekündigter eine Chance haben soll, nach dem einschneidenden Erlebnis der Kündigung wieder einen neuen Job zu finden, in dem er sein Potenzial voll einbringen und ausleben kann, dann darf die Kündigung nicht traumatisierend sein und auch nicht persönlich verletzen. Beides ist nicht nur unnötig, sondern kostet alle Beteiligten viel – die Betroffenen, die Vorgesetzten, die Verbleibenden, und am Ende die Arbeitslosenversicherung und die Invalidenversicherung. Um diese Gefahren zu umgehen, braucht es eine Kündigungskultur. Dieses Kapitel soll sie umreißen.

In den vorhergehenden Kapiteln haben wir viel darüber erfahren, wie Vorgesetzte kündigen und wie Mitarbeiter das erleben. Den einen oder andern Tipp, wie man es machen soll oder eben nicht machen soll, haben wir dabei schon mitbekommen. Es wurde aufgezeigt, was systemisch relevant ist und was zu einer Traumatisierung führen kann. Für die Formulierung einer Kündigungskultur gehe ich davon aus, dass Vorgesetzte, die kündigen müssen, nicht Täter werden wollen, die ihre persönliche Wut, ihren persönlichen Frust am Mitarbeitenden auslassen. Sie wollen im Gegenteil Agierende sein, die professionell, also effizient handeln, effizient in dem Sinne, dass kein unnötiger Flurschaden entsteht, sondern eine möglichst gute Voraussetzung für das weitere Gedeihen aller Beteiligten gegeben ist: für die Betroffenen, die «Überlebenden», die Vorgesetzten und die Firma insgesamt. Dies bedingt ein persönliches Verantwortungsbewusstsein beim Vorgesetzten, auch dieses setze ich voraus. Ich gehe im Weiteren davon aus, dass diese Art Effizienz im Interesse der Firma liegt, denn die Firma hat einen Ruf, eine Reputation – nach innen wie nach außen –, und diese Reputation ist Teil ihres Kapitals, das es zu erhalten gilt. Systemisch gesehen hat die Firma allen Grund zu einer solchen Haltung, denn systemische Turbulenzen kosten Geld. Hier also die:

Checkliste für die umsichtige und faire Kündigung

1. Wenn es zu kriseln beginnt, lege ich das offen.

Eine Kündigung kommt nicht aus heiterem Himmel, nicht einmal die strukturelle Kündigung und schon gar nicht die Kündigung aus Leistungs- oder «Chemiegründen». Jede Kündigung bahnt sich an. Nun ist es grundsätzlich fair, wenn die Anzeichen dafür von beiden

Seiten wahrgenommen werden können. Das beginnt damit, dass die jährlichen Mitarbeitergespräche ehrlich und offen geführt werden, dass Leistungsschwächen und Unzufriedenheit angesprochen werden, und zwar von beiden Seiten. Diese Gespräche sollen dazu führen, dass Ziele vereinbart werden. Werden nun aber diese Ziele nicht erreicht, kann nachvollzogen werden, dass sich gegebenenfalls Konsequenzen aufdrängen. Auch sie müssen thematisiert werden. Auf diese Art wird die erste Bedingung für eine Traumatisierung ausgeschaltet: Die Kündigung kommt nicht überraschend. Bei einer überraschenden Kündigung hat der Mitarbeiter nicht die Chance, gleichzeitig mit dem Vorgesetzten die Phase der Loslösung zu durchlaufen, er fällt logischerweise aus allen Wolken. Er hat zu Recht das Gefühl, es finde «ein abgekartetes Spiel» statt und er werde über den Tisch gezogen. In diesem Moment wird der Vorgesetzte für den Mitarbeiter zum Täter, er selber zum Opfer. Der Gekündigte fühlt sich angelogen, unnötig fertiggemacht, nebenbei entsorgt. Im Nachhinein wird es ihn viel Energie kosten, diese Schmach zu verarbeiten, Energie, die er besser in seine Zukunft investieren würde.

Weiß der Mitarbeiter hingegen, was auf ihn zukommt, dann kann er sich innerlich vorbereiten, er kann eigene Strategien entwickeln, sich anstrengen oder sich nach einer neuen Perspektive umsehen. Wenn er weiß, dass ein Konflikt auf ihn zukommt, kann er sich Gedanken über seinen Anteil daran machen, er sieht die Position des Vorgesetzten, sieht ein, dass es eine Lösung braucht und dass eine Kündigung auch für ihn Vorteile haben könnte. Er entwickelt vielleicht sogar Vorstellungen darüber, welcher Ausgleich den Jobverlust für ihn erträglich machen und ihm helfen könnte, seine eigene Karriere zu fördern.

Ein kleines Beispiel mag das verdeutlichen: Otto war Leiter der Buchhaltung in einer Behörde. Da kam ein neuer Chef, und der qualifizierte ihn als ungenügend und legte ihm nahe, die Stelle zu verlassen. Otto fühlte sich ungerecht behandelt, am Ende sah er sich gar als Mobbingopfer. Trotzdem fand er wieder einen neuen, vergleichbaren Job. Aber kurze Zeit später passierte ihm das Gleiche noch einmal, weil er auch hier am neuen Ort nicht genügte. Wer sich unschuldig gekündigt fühlt, wiederholt seine Geschichte. Hätte der erste Vorgesetzte klar gesagt, es liege an Ottos fehlender Bilanzsicherheit, dann hätte Otto möglicherweise in eine Weiterbildung investiert.

Der Chef sollte also nicht warten, bis das Fass überläuft, das Unangenehme nicht vor sich herschieben, sondern rechtzeitig die Unzufriedenheit mit dem Mitarbeiter thematisieren, von Mann zu Mann, von Mensch zu Mensch, jedenfalls im direkten, persönlichen Gespräch. Das ist vielleicht unangenehm und braucht eine gewisse Selbstüberwindung, und eine persönliche Haltung. Aber aus irgendeinem Grunde ist der Chef ja der Chef und sollte als Vorgesetzter auch Vorbild sein.

Nun sagen viele Vorgesetzte, gerade bei einer strukturellen Kündigung gebe es vorher nichts zu kommunizieren. Da würden weiter oben Entscheide gefällt, die sie dann sofort durchziehen müssten. Dann gilt jedoch das Gebot der Fairness genauso für die höhere Hierarchieebene. Ist es denn nötig, dass die Mitarbeiter zuerst über die Presse erfahren, dass das Unternehmen in Schwierigkeiten ist? Diese Informationen muss der CEO den Mitarbeitern seines Unternehmens vermitteln. Er muss sich vor seine Leute hinstellen und die Schwierigkeiten erläutern, die möglichen Konsequenzen skizzieren, muss es ehrlich sagen, falls es Arbeitsplätze kostet, und er muss darlegen, nach welchen Kriterien gekündigt wird. Dann fühlen sich die Mitarbeiter nicht getäuscht, können der Zukunft klar ins Auge sehen und haben immerhin die Möglichkeit, ihre Chancen auszurechnen und sich mit der drohenden Kündigung auseinanderzusetzen.

Und wenn der Entscheid der höheren Stufe vom Linienvorgesetzten umgesetzt werden muss, dann geschieht auch das nicht in einer Nacht- und Nebelaktion. Auch da besteht die Möglichkeit, mit den Leuten vorher zu reden, die Kriterien offenzulegen und abzutasten, in welche Situation die Kündigung den Mitarbeiter versetzen wird. Der Leser erinnert sich an den Mann, der im Kündigungsgespräch kreidebleich wurde und mit der Kündigung nicht einverstanden war, obwohl er bei vollem Gehalt ein Jahr früher hätte in Pension gehen können. Seine Vorgesetzten dachten sogar, sie würden ihm mit der Frühpensionierung bei vollem Lohn eine Freude machen, aber der Mann brach zusammen, fiel später ins Koma und verstarb. Hätte ein Vorgespräch möglicherweise aufgezeigt, dass es gerade für diesen Mann unerträglich war, nach so vielen Dienstjahren frühzeitig gehen zu müssen? Hätte man vielleicht eine finanziell neutrale Lösung finden können, ihn über den Sozialplan zu finanzieren, aber weiter arbeiten zu lassen? Das Vorgespräch hat nicht stattgefunden, die Fragen bleiben unbeantwortet.

Oder nehmen wir Guido. Er hatte von der negativen Entwicklung seines Unternehmens aus der Presse erfahren. «Es gab Wolken am Himmel, Unruhe in der Belegschaft, Getuschel, Gerüchte. Hinten herum wurden Dinge erzählt, aber persönlich orientiert hat uns nie jemand. Das hing wie ein Damoklesschwert über uns.» Und dann plötzlich fiel das Schwert direkt auf ihn. Hätte ein Vorgespräch seine Traumatisierung verhindert? Hätte es Guido geholfen, den Ausschluss mit zu gestalten, wenn der Vorgesetzte ihn zu einem Gespräch geladen und gesagt hätte: «Hör zu, ich muss Leute entlassen, und nach den Kriterien wird es dich treffen. Hast du eine Idee, wie wir dich weiterbringen können? Überleg dir eine Strategie.» So hätte Guido zumindest eine Chance gehabt, sich aktiv auf die kommende Kündigung vorzubereiten. Er hätte nicht da gesessen wie das Kaninchen vor der Schlange, zumindest die erste Bedingung für seine Traumatisierung wäre dadurch unwirksam geworden.

Oder Leo: Seine Kündigung wäre wohl im gegenseitigen Einvernehmen zu machen gewesen, wenn sein Vorgesetzter das geleistet hätte, was Leo im Nachhinein bemängelt: «Da setzt sich niemand mit dir zusammen und sagt: Was machen wir jetzt mit dir?»

Viele Vorgesetzte sagen, eine Kündigung müsse überraschend

sein, damit der Betreffende nach einer Vorwarnung nicht krank mache und so eine Kündigung verhindere. Was rechtlich gilt, steht im Gesetz, und bei Streitfällen mögen Anwälte und Richter entscheiden. Menschlich gilt, dass man vorher miteinander redet. Welche Einstellung, welche Haltung liegt denn einer solchen Befürchtung zugrunde? Da hat man unter Umständen über Jahre zusammen gearbeitet, kennt einander mittlerweile gut und glaubt trotzdem, man müsse diese Kündigung in einem Schnitt durchziehen, wie bei einer Notoperation, sofort, kompromisslos? Eine faire, anständige, effiziente Trennung braucht zuerst ein menschliches Gespräch. Dann erst sehen beide weiter. Wenn also die Befürchtung besteht, dass ein Mitarbeiter sich krankschreiben lässt, um eine drohende Kündigung auszusitzen, in welcher Situation befinden wir uns dann? Entweder kennt der Vorgesetzte den Angestellten als hemmungslosen Raubritter oder er weiß, dass sich der Angestellte schon länger über den Tisch gezogen fühlt. In beiden Fällen hätte die Führung also schon im Vorfeld versagt.

2. Die Kündigungsgründe lege ich ehrlich auf den Tisch.

Es liegt eine verlockende Klarheit und Unschuld in dem Satz: «Wir müssen Ihnen leider kündigen, weil wir gezwungen sind, das Unternehmen zu restrukturieren.» Damit lassen sich Verantwortung und Schuld bequem an eine höhere Macht delegieren. «Wir sind gezwungen.» Niemand kann etwas dafür, niemand ist absichtlich böse, niemand hat Fehler gemacht. Es liegt am Markt, an der globalen Konkurrenz, am wandelnden Bedürfnis des Kunden. Welcher CEO stellt sich schon hin und sagt: «Sorry, wir haben die Lage falsch eingeschätzt, wir haben die falsche Strategie entwickelt, falsche Entscheidungen getroffen, die Folge ist, dass ein Drittel der Belegschaft gehen muss»? Keiner tut das, denn CEOs müssen Helden sein, und Helden machen keine Fehler. Wenn doch, werden sie abgesetzt und selber gekündigt. Wir haben keine Kultur der offenen Selbstkritik.

Bei uns sind öffentliche Fehler fatal und werden sanktioniert. Also gibt sie keiner zu.

Aber aus Fehlern wird man bekanntlich klug. Jeder weiß, dass Fehlleistungen zum Menschsein gehören, dass keiner unfehlbar ist, dass wir im Gegenteil an unseren Fehlern wachsen. Aber seltsamerweise gilt diese menschliche Toleranz nicht für Vorgesetzte und schon gar nicht für die strahlenden Chefs an der Spitze. Wer dort Fehler macht, muss gehen. Es braucht schon eine gewisse Größe, sich vor die anderen hinzustellen und den eigenen Anteil zu benennen. Aber genau das braucht es im Umgang mit Menschen und vor allem bei einer Trennung. Wer also kündigen muss, soll zumindest sich selber gegenüber die ehrlichen Gründe auf den Tisch legen, noch besser, wenn er es schafft, dies auch gegenüber dem Mitarbeiter zu tun.

Auch bei einer strukturellen Massenkündigung muss jemand am Ende entscheiden, wen es trifft. Sei es der direkte Vorgesetzte, der Personalchef oder der Patron. Und dieser Entscheid – seien wir ehrlich – ist nicht nur in der wegrationalisierten Funktion begründet. Da spielen meist noch ganz andere Gründe mit. Den einen mag man besser, den anderen weniger, den einen möchte man im Unternehmen behalten, den anderen bei dieser Gelegenheit loswerden. Vom alten Mitarbeiter erwartet man keine große Leistung mehr, vom jungen schon eher. Die Frau finde ich im Stillen attraktiv, auf den Nebenbuhler kann ich verzichten. Ob wir wollen oder nicht, jede Entscheidung hat tausend Facetten, das ist auch nicht das Problem. Das Problem beginnt dann, wenn jemand Gründe vorschiebt.

Bei einer Begründung hört der Mitarbeiter mit tausend Ohren zu, und er hört nicht nur den offiziellen Grund, er weiß ganz genau, was dahinter noch für Überlegungen stehen. Und wenn diese nicht offen angesprochen werden, dann wird der Mitarbeiter zu Recht das Gefühl haben, er werde unfair behandelt, er werde belogen, verkauft, entsorgt. Dann beginnt dieses Ohnmachtsgefühl, das Gefühl, ausgeliefert zu sein. Der Mitarbeiter erlebt die Unmöglichkeit, den Vorgang mit guten Argumenten zu beeinflussen und zu entschärfen.

Dann haben wir eine weitere Bedingung zu seiner Traumatisierung erfüllt.

Wenn dagegen ein Vorgesetzter die Gründe ehrlich auf den Tisch legt, dann fällt diese Traumabedingung weg. Wenn der Vorgesetzte sagt, dass der Mitarbeiter gehen muss, weil er die Leistung nicht bringt, weil er trotz verschiedenen Mahnungen sein Verhalten nicht geändert hat und weil er ihm so unsympathisch sei, dass er sich eine weitere Zusammenarbeit nicht vorstellen könne, dann hat der Mitarbeiter keinen Grund, daran zu verzweifeln, denn die Begründung ist ehrlich und gerecht. Sie erleichtert dem Mitarbeiter, einen angemessenen Umgang mit der Situation zu finden. Wenn ein Vorgesetzter darüber hinaus seinen Anteil am Unglück anerkennt und auch kommuniziert, dann wird ihm der Gekündigte vielleicht sogar Verständnis entgegenbringen. Wenn also ein Chef sagt: «Hör mal, Ernst, du hast in diesem Unternehmen 23 Jahre lang einen guten Job gemacht. Nun wird dieser Job wegrationalisiert. Leider haben sowohl du wie ich es versäumt, dich im Laufe der Jahre durch dauernde Weiterbildung fit zu halten für den Arbeitsmarkt. Das bedeutet, dass es für dich sehr schwierig sein wird, einen neuen Job zu finden. Deshalb haben wir beschlossen, für dich ein Outplacement zu finanzieren und uns je nach deinem Ziel auch an einer Weiterbildung zu beteiligen.» Wenn also ein Chef seinen Teil der Verantwortung übernimmt, dann braucht er nicht zu fürchten, dass er den anderen unnötig verletzt. Die Würdigung ist da, das Angebot eines Ausgleiches ist da, die Kündigung bietet zugleich einen ersten Schritt in die Zukunft.

3. Bei Chemie-Fragen wende ich das Großvaterprinzip an.

Wenn sich ein Vorgesetzter ehrlich Rechenschaft gibt über die Gründe, die zur Kündigung führen, und dabei bemerkt, dass es auch um die zwischenmenschliche «Chemie» geht, dann tut er gut daran, sich bei seinem eigenen Vorgesetzten zu versichern, dass er hier keinen Fehler macht. Er tut dies zu seinem eigenen Schutz, denn gerade er ist in Gefahr, beim kommenden Kündigungsgespräch selber traumatisiert zu werden. Und es ist nur fair, wenn ein Dritter in diesem Konflikt mitentscheidet. Vielleicht lässt sich die Sache mit einer Versetzung des Mitarbeiters regeln?

Peter U., der Banker aus dem ersten Kapitel, der als erste Chef-Erfahrung einigen Mitarbeitern unter traumatisierenden Umständen den Lohn kürzen musste und seither äußerst vorsichtig ist beim Kündigen, wendet das Großvaterprinzip an, wenn auch nur der leiseste Verdacht besteht, dass mangelnde Sympathie mit ein Grund für die geplante Kündigung ist. «Das verhindert, dass jemand persönlich Macht ausübt und dabei den Untergebenen, sich selber und das Unternehmen schädigt.»

Es ist keine Schande, zum Chef zu gehen und zu sagen: «Hör mal, ich habe da mit einem Untergebenen persönliche Probleme, ich kann ihn nicht ausstehen und möchte ihn loswerden. Kannst du dir das mal anschauen?» Es ist keine Schande, es ist nur fair. Der Chef wird den Konflikt aus der ruhigen Distanz beurteilen, er sieht vielleicht eine andere Möglichkeit, wieder Ruhe ins Unternehmen zu bringen, und wenn nicht, soll er als «Großvater» bei der Kündigung auf jeden Fall dabei sein. So lässt sich eine weitere Traumabedingung ausschließen. Es wird keine persönliche Macht, keine Rache ausgeübt. Und der Mitarbeiter sieht im «Großvater» eine mögliche Hilfe, falls es ungerecht zu und her geht.

4. Ich erkenne die Verdienste des Mitarbeiters an.

Kein Mensch ist nur «eine Pfeife». Aus irgendeinem Grund ist der Mitarbeiter ja eingestellt worden, irgendetwas wird er mit Sicherheit geleistet haben, und das will angerechnet sein. Wir haben weiter vorn dargestellt, wie wichtig Anerkennung und Wertschätzung im systemischen Zusammenhang sind. Wenn sie fehlen, beginnt es im System zu brodeln, denn Anerkennung und Wertschätzung sind wichtige Energien, die zwischen Systemteilnehmern fließen. Auch hier geht es nicht um Moral oder um ein gegenseitiges «sich Spüren», es geht um Effizienz. Die gegenseitige Wertschätzung steigert das Selbstwertgefühl der Systemteilnehmer und somit ihre Leistungsbereitschaft und am Ende die Leistungsfähigkeit des gesamten Systems. Wertschätzung ist die «soziale Schmiere» des Systems, ohne sie kommt Sand ins Getriebe.

Wenn nun bei einer Kündigung die Waagschalen nur einseitig mit Vorwürfen belastet werden, ohne auf der anderen Seite mit Anerkennung ausgeglichen zu werden, dann empfindet das jeder Mensch als ungerecht, und Ungerechtigkeit führt zu Konflikt. Bei der Vorbereitung einer Kündigung gehört es also unbedingt dazu, dass die Leistungen und Fähigkeiten des Mitarbeiters aufgelistet und ihm im Gespräch auch übermittelt werden. Ganz formell. Nicht in einem Nebensatz, sondern als wichtiger Teil der Gesamtanalyse. Der Leser erinnert sich, wie Ruth F. bei den Austrittsgesprächen die fehlende Würdigung der Leistung nachgeholt hat. «Es hat ihnen und mir gut getan.» Und später, bei einem gesellschaftlichen Anlass, konnte sie jedem die Hand geben und ihm in die Augen schauen. «Ich wusste, sie geben mir keine persönliche Schuld.»

Nur wenn die Leistungen des Mitarbeiters gewürdigt werden, kann der Vorgang der Trennung von beiden Seiten und vom Rest des Systems als gerecht empfunden werden.

5. Ich bereite mich seriös auf das Kündigungsgespräch vor.

Wenn der Vorgesetzte glaubt, er könne eine Kündigung ohne Vorbereitung irgendwo im Terminkalender unterbringen und er könne sie quasi als längst fälligen Kulminationspunkt eines Konfliktes im Vorbeigehen aussprechen, dann ist die Katastrophe für alle Beteiligten vorprogrammiert. Ein Kündigungsgespräch ist nicht «business as usual». Es braucht eine seriöse Vorbereitung in Ruhe, und es braucht ein Skript, an das man sich im Gespräch halten kann. Ein Kündigungsgespräch ist ein formeller Akt, und es braucht wie jedes Ritual gewisse Komponenten und eine tiefe Überzeugung der Richtigkeit. Sonst läuft es aus dem Ruder.

Zuerst geht es also darum, sich – ehrlich! – Klarheit über die Kündigungsgründe zu verschaffen und diesen dann die Anerkennung der vom Mitarbeiter erbrachten Leistungen als Gegengewicht gegenüber zu stellen. Dann muss der entscheidende Satz formuliert werden. Er darf während der Vorbereitung ruhig einmal laut ausgesprochen werden, um zu prüfen, ob er so auch stimmt. «Ich muss Ihnen leider kündigen. Sie haben zwar…, aber Sie haben auch… und am Ende habe ich mich entschieden, Ihr Arbeitsverhältnis bei uns zu beenden.» Ist dieser Satz wahr, oder kommen da noch Zweifel auf? Solange Zweifel da sind, ist die Vorbereitung ungenügend, und man muss noch einmal über die Bücher. Hat der Satz Untertöne? Schwingen da noch Rachegefühle mit? Kommt ein Gefühl von Macht hoch? Das Gefühl: «So, und jetzt zeig ich es dir»? Das wären dann Alarmzeichen, die eine weitere Schlaufe der ehrlichen Überprüfung erfordern.

Zur Vorbereitung gehört auch eine klare Vorstellung davon, wie es nach dem entscheidenden Satz weitergeht. Die Frage, ob jemand sofort freigestellt wird oder ob er noch bis zum Ende der Kündigungsfrist im Unternehmen bleibt, muss vorher abgeklärt werden. Gibt es da Handlungsspielraum? Kann der Mitarbeiter wählen? Wird er bei Kunden und Geschäftspartnern Schaden anrichten? Wird er versuchen, Kunden mitzunehmen? Muss ich ihn also sofort von seinem Arbeitsplatz entfernen? Hier braucht es vorgängig Antworten, denn nach dem Ausspruch der Kündigung müssen hier sofort klare Anordnungen folgen, sonst entstehen Diskussionen über ungelöste Probleme.

Auch die Frage nach dem längerfristig weiteren Vorgehen muss schon in der Vorbereitungsphase beantwortet werden. Macht ein Outplacement, also eine Aufarbeitung des Geschehen und eine Neuorientierung Sinn? Kann für den Mitarbeiter ein Outplacement finanziert werden? Oder eine Weiterbildung? Eine Abfindung? Bei jeder unverschuldeten Kündigung muss ein Ausgleich angeboten werden, und je härter die Kündigung für den Betroffenen ist, umso großzügiger muss der Ausgleich sein, damit er als gerecht empfunden wird. Wie ist also die Situation des Betroffenen? Wie lange war er im Unternehmen? Welche Weiterbildungen hat er gemacht? Wie stehen seine Chancen auf dem Arbeitsmarkt? Je nachdem braucht es nun Angebote, und die müssen vorher abgeklärt und genau umschrieben sein. Wenn sie erst beim Gespräch aufs Tapet kommen, macht der Vorgesetzte unter Druck Versprechungen, die er am Ende vielleicht nicht halten kann, und das empfindet der Mitarbeiter im Nachhinein als besonderen Hohn.

Daher ist es wichtig, dass die weiteren Maßnahmen im Vorfeld beschlossen werden und dass diese, schriftlich unterzeichnet, vorliegen. Wenn eine Kündigung überraschend kommt, kann der Betroffene, wie im letzten Kapitel geschildert, in traumatische Prozesse fallen. Er ist nach dem Ausspruch der Kündigung nicht mehr in der Lage, Informationen zu verarbeiten und geordnet zu speichern. Von außen fühlt es sich an, als höre er gar nicht mehr zu. Umso besser, wenn die Angebote für den Ausgleich schriftlich vorliegen und dem Mitarbeiter in die Hand gedrückt werden können. Später, wenn der Verarbeitungsprozess beginnt, hat er dann wenigstens die klare Information.

Im Vorfeld muss auch überlegt werden, wie die Kündigung nach innen und nach außen kommuniziert wird. Wer sagt es wem? Welche Begründung wird gegeben? Welche Auswirkungen hat das auf die verbleibenden Mitarbeiter, auf die Kunden, Geschäftspartner, auf diejenigen, mit denen der Mitarbeiter Außenbeziehungen unterhält? Habe ich Aussicht darauf, mich mit dem Mitarbeiter auf eine gemeinsame Erklärung zu einigen?

Am besten wird eine solche Erklärung vorgängig skizziert, damit die Führung auch in diesen Fragen beim Vorgesetzten bleibt. Bei gutem Einvernehmen kann darüber dann immer noch mit dem Mitarbeiter verhandelt werden. Wenn nicht, ist man vorbereitet.

Ein letzter Punkt zur Vorbereitung: Sie soll am Ende ein Skript hervorbringen, an das sich der Vorgesetzte strikte hält. Die Versuchung wird groß sein, davon abzuweichen, zu argumentieren, Gründe nachzuschieben, sich zu rechtfertigen, sich auf lange Diskussionen einzulassen, und am Ende gar falsche Hoffnungen zu wecken. Aber das ist unfair, unprofessionell und ineffizient. Wie gesagt: Das Kündigungsgespräch ist ein formeller Akt, der klare Verhältnisse schafft, solange man sich an das vorbereitete Ritual hält.

6. Das Kündigungsgespräch halte ich so fair wie möglich.

Nun kommt also der Moment der Bewährung, das Kündigungsgespräch. Schon beim Ansetzen des Termins entscheidet sich, ob Verletzung und Traumatisierung gefördert oder vermieden werden. Ganz wichtig: Das Gespräch darf nicht am Ende eines Zyklus stattfinden, also nicht kurz vor Feierabend, nicht am Freitag, nicht vor den Ferien und schon gar nicht vor Feiertagen. Immer wieder hört man, dass Kündigungen am Ende eines Jahres, also ausgerechnet vor Weihnachten ausgesprochen werden. Das hört sich an, als wollte man dem Betroffenen erst recht noch mit dem Schuh in den Hintern treten. Und es ist erstaunlich, dass dieses Vorgehen hier überhaupt erwähnt werden muss, aber leider ist es sogar üblich. Weil der Chef vor Jahresende reinen Tisch machen will?

Ein Kündigungsgespräch am Ende eines Tages, am Ende einer Woche, am Tag vor den Ferien, am Tag vor Weihnachten, entlässt den Betroffenen mit einem Schicksalsschlag in sein persönliches Umfeld. Zuhause wird er erwartet, zum Nachtessen, zum Kofferpacken, zum Feiern, zum Familientreffen, und er kommt ausgerechnet jetzt mit der noch unverarbeiteten Botschaft: «Ich bin gekündigt.» Das verdoppelt seinen Stress, und sein Trauma geht eins zu eins auf die Familie über.

Der Termin soll also so angesetzt werden, dass für die Beteiligten danach genug Zeit bleibt, sich sofort auf das weitere Vorgehen zu konzentrieren: Zuerst zur Ruhe kommen und nachdenken, dann kommunizieren nach außen, nach innen, dann Termine organisieren: Outplacement, Gespräche mit Freunden, Beratern, Coach. So fällt der Betroffene nicht in ein privates Vakuum der Handlungsunfähigkeit, sondern er bleibt im Handlungsmodus und hat die Chance, an seiner Situation sofort zu arbeiten. Dies ist ein Gebot der Fairness.

Zum Zeitrahmen: Man nehme sich eine Dreiviertelstunde bis eine Stunde. Das Gespräch selber kann kurz sein, fünf Minuten, vielleicht zwanzig. Aber es braucht Reserve, um Unerwartetes aufzufangen, und vor allem braucht es Zeit danach, damit der Vorgesetzte das Gespräch reflektieren, damit sein Gehirn die Geschehnisse auf die Reihe bringen kann und er sich erholt.

Nun kommt die Frage des Settings: Wer nimmt alles am Gespräch teil? Grundsätzlich gilt: Wer die Kündigung beschlossen hat, soll sie auch aussprechen. Es ist dies eine Frage des menschlichen Anstandes, dass sich der Entscheidende auch der Verantwortung stellt. Wie vormals ein guter Patron. Wenn sich das Kader wie heute üblich hinter «wichtigen anderen Aufgaben» versteckt und das Personalbüro vorschiebt, dann wird das vom Betroffenen zu Recht als Feigheit ausgelegt.

«Eine Kündigung», so rät der Traumaexperte Horst Kraemer, «soll von Mann zu Mann übermittelt werden.» Wenn der Vorgesetzte männlich und die Mitarbeiterin weiblich ist – oder umgekehrt – sollte für den Mitarbeiter eine Personalvertretung desselben Geschlechts anwesend sein, um Kommunikationsunterschiede und Machtgefälle zwischen den Geschlechtern zu neutralisieren.

Wenn dagegen eine ganze Phalanx von Firmenvertretern dem Mitarbeiter gegenüber sitzt, angefangen vom Linienvorgesetzten, über den Personalchef bis zum Rechtsanwalt, dann wird der Mitarbeiter dies als übermächtig empfinden, als Machtdemonstration verstehen, und er wird von Ohnmachtsgefühlen überschwemmt werden. Zum Traumasetting gehört ja gerade, dass der Betroffene hilflos ist. Also kann es sinnvoll sein, wenn ihm jemand zur Seite steht. In Industriebetrieben gibt es oft die Institution der Betriebskommission, in manchen Betrieben ist die Rolle des Personalchefs so definiert, dass er die Interessen des Personals vertritt. Bei Kündigungen aus Gründen zwischenmenschlicher Schwierigkeiten kann der «Großvater», der nächsthöhere Vorgesetzte, diese Rolle übernehmen. Wenn also eine Kündigung absehbar hart und schwierig wird, lohnt es sich, dem Mitarbeiter jemanden zur Seite zu stellen, der zumindest neutral ist und beruhigend wirkt. Dies aus Gründen der Fairness, aber auch, um Trauma, Verletzung, Streit und Eskalation zu vermeiden.

Dann wollen wir dieses Gespräch also eröffnen. Nicht überfreundlich, nicht humorvoll, nicht ausschweifend und ohne Small Talk. Sondern gefasst, wie es sich für einen offiziellen Akt gehört. Nach der Aufforderung, Platz zu nehmen, folgt die Begrüßung. Dann der entscheidende Satz. Im besten Fall könnte der etwa so lauten: «Wir haben uns verschiedentlich schon zusammengesetzt und die Schwierigkeiten besprochen, die wir miteinander haben. Ich sehe die Leistungen, die Sie dem Unternehmen gebracht haben, und ich sehe gleichzeitig, dass wir diese Schwierigkeiten nicht in den Griff bekommen werden. Ich habe mich darum entschlossen, Ihnen zu kündigen. Sie werden noch bis...» Hier folgt sofort das weitere Vorgehen, der anschließende Arbeitsabbruch oder die Aufforderung, bis zum Ablauf der Kündigungsfrist weiter zu arbeiten, dann die Bedingungen des Ausgleichs: Abfindung, Outplacement und die nun folgenden Schritte der Kommunikation.

Ganz wichtig dabei ist, dass der Vorgesetzte in diesem Moment ein Auge auf die Reaktion des Gegenübers hat. Dass er innehält und schweigt, wenn der andere in Tränen ausbricht. Dass er nicht versucht, ihn zu trösten und ihm schon gar keinen Vorwurf macht wegen seiner Tränen. Tränen sind auszuhalten. Erst wenn der andere sich wieder gefasst hat, spricht der Vorgesetzte weiter. Das bedeutet nicht, dass der Vorgesetzte möglichst unbeteiligt, möglichst kalt bleiben soll. Emotionen sind da und dürfen ehrlich kommuniziert werden. Der Satz «Es tut mir sehr leid» wird anerkannt. Aber trösten kann der Vorgesetzte jetzt nicht, denn er ist es, der die Kündigung ausspricht und aussprechen muss.

Wenn der Mitarbeiter in diesem Moment die geschilderten Symptome einer Traumatisierung zeigt, also einen auffallenden Wechsel der Gesichtsfarbe, starren Blick mit weit geöffneten Pupillen, unverständlichen Galgenhumor, oder wenn er gar mit Selbstmord droht, wenn er einfach schweigt und keine Reaktion zeigt, wenn er seltsam freundlich ist und so tut, als hätte er alles unter Kontrolle –, wenn er also irgendeines dieser Phänomene zeigt, dann hilft es dem Vorgesetzten, wenn er tief durchatmet, und zwar tief in den Bauch hinunter. Das senkt sofort die Adrenalinausschüttung und mildert die Ansteckungsgefahr, und es verhindert, dass der Vorgesetzte zum Täter wird, indem er seinen Impulsen folgt. Etwa mit negativen Bemerkungen nachdoppelt oder sich mit schlechtem Gewissen zurückzuziehen beginnt. Der Akt der Kündigung darf und muss in aller Form vollzogen werden.

Dem offensichtlich traumatisierten Mitarbeiter soll danach aber so schnell wie möglich wieder die eigene Autonomie zugestanden werden, indem man ihm Wahlmöglichkeiten anbietet. Der Chef soll also fragen, ob der soeben Gekündigte den Raum verlassen möchte, um den Entscheid zu verarbeiten, oder ob er bleiben möchte, ob er ein Glas Wasser oder einen Kaffee haben möchte, ob er das Gespräch abbrechen und den Rest bei einem weiteren Termin angehen will, oder ob er bereit sei, weiterzumachen. Wie immer der Mitarbeiter sich entscheidet, es ist ihm dies zuzugestehen. Wenn möglich, sollte man in diesem Moment darauf verzichten, ihn irgendwelche Formulare unterschreiben zu lassen, denn ehrlich, was ist eine Unterschrift menschlich wert, die unter traumatischen Bedingungen zustande kommt?

Wenn der traumatische Prozess in diesem Moment unterbrochen wird, hat der Mitarbeiter die Chance, sich davon zu erholen und das weitere Vorgehen bewusst und eigenverantwortlich mit zu gestalten. Wenn nicht, lädt sich alles, was nun kommt, im Gehirn des Betroffenen als unfassbar und nicht zu bewältigen auf die Warteschlaufe, das Erleben wird fragmentiert, der Stress multipliziert, und wenn dann hinter der Türe die gut gemeinten Outplacement-Berater warten, dann wird das nicht als Hilfe gewertet, sondern als weiterer Machtübergriff. Der Leser erinnert sich an Guido? «Es war ein abgekartetes Spiel.» Er wurde sofort «abgeführt». Im Tram. Begleitet von zwei Herren.

«Rund fünf Prozent der Gekündigten», sagt Toni Nadig, «schaffen es nach einer Kündigung überhaupt nicht mehr, sich wieder in den Arbeitsprozess zu integrieren.» Das bedeutet, sie werden fürsorgeabhängig, invalid, ihr Know-how geht verloren, sie verursachen hohe volkswirtschaftliche Kosten. Darüber hinaus wird ein recht großer Teil der Gekündigten so erschüttert, dass sie manchmal Jahre brauchen, um sich davon zu erholen. Die Gefahr, dass es bei einer Kündigung zu traumatischen Prozessen mit lang anhaltenden Schäden kommt, ist also recht hoch, und es lohnt sich für alle Beteiligten, dass der Chef diesen Moment erkennt und richtig reagiert. Es lohnt sich auch, den Outplacement-Berater über diese Beobachtung zu informieren, er wird sein Vorgehen darauf einstellen.

Nun führt – zum Glück – nicht jede Kündigung zu lang anhaltenden traumatischen Verletzungen. Die meisten lassen sich in Würde und Fairness durchziehen. Trotzdem bleibt die Tatsache: Bei einer Kündigung werden die Betroffenen aus der Bahn geschleudert, sie werden verunsichert und geraten zeitweise in Panik. Das belastet die Familie und das betriebliche Umfeld. Es ist in jedem Falle eine heikle Situation. Es kann durchaus vorkommen, dass Mitarbeiter wütend werden, aufstehen und umhergehen, drohen, den Streit suchen, verbal ausfällig werden. Hier gilt es, Ruhe zu bewahren, wieder tief durchzuatmen, den eigenen Adrenalinstoß vorbeigehen zu lassen und sich auf die Würde des Moments zu besinnen. Es gibt nichts zu verteidigen, nichts zu ändern, nichts zu beschönigen und nichts zu entschuldigen. Notfalls hilft ein deutlicher Appell ans Benehmen des Mitarbeiters und eine Erinnerung an die Wichtigkeit des Moments. Man will sich auch in ein paar Jahren noch an diesen Moment erinnern können, ohne dabei in Scham zu versinken.

Wenn also in unserem Mustergespräch die Kündigung ausgesprochen ist, das weitere Vorgehen bestimmt und allenfalls sogar Termine gesetzt sind, dann kann sich der gekündigte Mitarbeiter von diesem Moment an auf seine Zukunft vorbereiten, er hat also eine Perspektive. Die Situation entspannt sich ein wenig, das Wichtigste ist gesagt, der erste Schreck vorüber. Einige Stolpersteine können in diesem Moment aber noch auftreten. Ist die Kündigung ausgesprochen und das weitere Vorgehen bestimmt, sollte das Gespräch gemäß Skript weitergeführt werden, um auf das Thema der Kommunikation zu kommen. Wer sich nicht an das Skript hält, wird spätestens hier in dieser Entspannungsphase in Versuchung kommen, ein wenig freundlich zu sein, ein wenig menschlich, nach dem Motto «Ist ja alles nicht so schlimm». Der gekündigte Mitarbeiter wird dies merken und seinerseits den einen oder anderen Beitrag leisten wollen, vielleicht in Form einer Retourkutsche, mit angedeuteten oder deutlichen Vorwürfen, mit Kritik am Vorgesetzten oder mit Fragen. Zum Beispiel: «Warum muss nicht der andere gehen?» Um das zu verhindern, gilt es, sich wieder an das Skript zu halten und den nächsten Punkt anzusprechen. Denn der formelle Akt der Kündigung ist erst vorbei, wenn das Gespräch zu Ende ist und die Tür hinter dem Mitarbeiter ins Schloss fällt. Und vollendet ist der ganze Vorgang erst, wenn sich der Vorgesetzte danach genügend Zeit nimmt, sich beruhigt, das Geschehene überdenkt, einordnet und verarbeitet und wenn er danach wieder fit ist für seinen weiteren Job. Bleibt auf dem Skript also noch die Frage der Kommunikation.

7. Ich kommuniziere gemeinsam mit dem Mitarbeiter, und zwar so, dass jeder sein Gesicht wahren kann.

Als Grundmaxime gilt auch hier, wie übrigens in jeder Phase einer Kündigung, eine Abwandlung von Immanuel Kants kategorischem Imperativ: Wie möchte ich behandelt werden, wenn ich selber mal gehen muss? Wie möchte ich, dass mein Weggang kommuniziert wird? Wie also soll die Regel der Kommunikation formuliert werden, so dass sie für alle gilt?

Aus den Chefetagen hört man heute die abenteuerlichsten Geschichten, wie gekündigt und wie danach kommuniziert wird. Plötzlich stehen im Büro des gerade abwesenden Kollegen zwei Security-Leute, mit Knopf im Ohr und Knarre am Gürtel. Was ist hier los? Dann kommt der Kollege in Begleitung zweier Herren ins Büro, nimmt das Foto von Frau und Kind vom Schreibtisch, packt schweigend seine persönlichen Sachen in einen Pappkarton, unter Aufsicht der «Gendarmen». Was denkt der Betroffene? «Bin ich ein Verbrecher? Bin ich eine Bedrohung? Was habe ich denn getan?» Und was denkt das zurückbleibende Team? «Ist er ein Verbrecher? Ist er eine Bedrohung? Was hat er wohl getan?» Diese Art Kommunikation ist lächerlich und katastrophal. Sie hat ihren Ursprung in Angst und Ignoranz. Warum gleich mit dem Panzer vorfahren?

Die Kommunikation der Kündigung ist entscheidend für die Reaktion bei den Verbleibenden und bei den Kunden. Sie bestimmt, wie sich das System künftig verhält, ob es die Trennung nachvollzieht oder mit dem Gekündigten verbunden und verhängt bleibt. Sie bestimmt, ob Panik aufkommt oder ob der Vorgang akzeptiert wird. Denn die Frage, die sich jeder im Team stellt, ist: «Werde ich eines Tages auch so entsorgt?» Also muss die Kommunikation der Kündigung so sein, dass jeder sie nachvollziehen kann und dass jeder denkt: «Okay, dumm gelaufen für den Kollegen, aber immerhin benimmt sich das Unternehmen fair.»

Was also ist eine faire Kommunikation? Zuerst vielleicht das negative Beispiel. Wenn eine Kündigung unter traumatischen Umständen ausgesprochen wird, dann wird sich auch die Kommunikation entsprechend anfühlen. Die Zurückbleibenden hören genau zu, was gesagt wird. Sie spüren aufgrund der «Ansteckung», was abgelaufen ist. Und wenn es nun heißt: «Der Leo geht, weil er unfähig ist», dann wird das als ungeheure zusätzliche Ungerechtigkeit empfunden werden, denn das Team weiß, wie fähig Leo war. Wenn eine Kündigung im Konflikt und mit traumatischen Verletzungen geschieht, dann bleibt für einen fairen Chef nur das Hinstehen vor das Team und der offen vor allen ausgesprochene Satz: «Es tut uns sehr leid.» Hier braucht es Trauerarbeit für den Vorgesetzten und für das Team. «Es tut uns leid, dass es so gekommen ist, wir tun alles, um die Folgen für den Betroffenen zu mindern. Er hat einen guten Job gemacht, die Kündigung war notwendig für das Überleben des Unternehmens, wir hoffen – und helfen, dass er wieder eine gute Stelle findet.» Wenn das ehrlich ist, wird das System der Zurückbleibenden mittrauern und den Betroffenen danach in Ruhe gehen lassen.

Wenn hingegen nach einer konfliktreichen Kündigung der Streit weitergeht und über die Kommunikation ausgetragen wird, wenn am Ende in aller Öffentlichkeit schmutzige Wäsche gewaschen wird, der Chef etwas anderes sagt als der Mitarbeiter, wenn also unterschiedliche Versionen und Gerüchte über das Vorgehen und die Gründe zirkulieren, dann haben wir einen kommunikativen GAU, den «*G*rößten *A*ller möglichen *U*nfälle». Das bringt Verunsicherung ins Team, mit all den bereits beschriebenen Folgen: Leistungsabfall, Überlebensstrategien und die bange Frage: «Wird man mit uns auch so umspringen?» Es ist eine Frage des Charakters, des Stils und der Würde, ob man dem Entlassenen noch Dreck hinterher wirft oder ob man versucht, einen Streit diskret zu halten, damit alle Beteiligten ihr Gesicht wahren können.

Im Idealfall können sich Vorgesetzter und Mitarbeiter auf eine gemeinsame Kommunikation einigen. Der Chef hat in seiner Vorbereitung des Kündigungsgesprächs bereits einen Entwurf ausgearbeitet. Nun stellt er fairerweise die Frage, ob der Mitarbeiter diese Version akzeptiert oder ob er eine andere Formulierung wünscht. Er gibt ihm Einflussmöglichkeit, und er gibt ihm Bedenkzeit. Er lässt ihm auch die Entscheidung, ob er die Kündigung gegenüber seinen Kunden selber kommunizieren will oder ob der Vorgesetzte das übernehmen soll. Falls eine Kommunikation nach außen über die Presse notwendig ist, wird diese fairerweise zusammen erarbeitet. Und beide treten im Idealfall gemeinsam vor das Team. Im Idealfall. Wenn dieser nicht herstellbar ist, dann muss halt der Chef sagen, wo es langgeht.

Und was wird kommuniziert? Keine Details! Es wird eine Formulierung gewählt, die den bisherigen Einsatz und die Leistung des Gekündigten würdigt, die aber auch die Schwierigkeiten anspricht, die zur Kündigung geführt haben. Das Team weiß ja eh, worum es geht, es will nur wissen, ob man hier fair miteinander umgeht. Wenn der Grund der Kündigung in der Unvereinbarkeit der Persönlichkeiten von Vorgesetztem und Mitarbeiter liegt, dann soll man das benennen, die Leute wissen es ohnehin. Aber es muss so ausgedrückt werden, dass keinem von beiden die Schuld angelastet wird. «Wie ihr wisst, können wir es nicht miteinander, wir sind nun mal vollkommen unterschiedliche Charaktere.» Das Team wird eine solche Erklärung voll akzeptieren.

Dann muss der Chef vorbereitet sein und Antworten haben auf die Fragen, die nun kommen: «Wann hört der Gekündigte auf zu arbeiten?» – «Wird er ersetzt?» – «Wer übernimmt seine Dossiers?» – «Müssen wir Mehrarbeit leisten?».

Die Antworten darauf sollen klar und ehrlich sein.

Hier noch einmal die Checkliste in einfacher Form. Wer sich daran hält, hat gute Chancen, ein befriedigendes Kündigungsgespräch zu führen.

1. Wenn es zu kriseln beginnt, lege ich das offen.
2. Die Kündigungsgründe lege ich ehrlich auf den Tisch.
3. Bei Chemie-Fragen wende ich das Großvaterprinzip an.
4. Ich erkenne die Verdienste des Mitarbeiters an.
5. Ich bereite mich seriös auf das Kündigungsgespräch vor.
6. Das Kündigungsgespräch halte ich so fair wie möglich.
7. Ich kommuniziere gemeinsam mit dem Mitarbeiter, und zwar so, dass jeder das Gesicht wahren kann.

Schlusswort

Für das weitere Fortkommen der Firma und des Gekündigten ist es von entscheidender Bedeutung, dass das Erlebnis der Kündigung von allen Beteiligten gut verarbeitet wird. Wer Vorgesetzter ist und über Entscheidungsmacht verfügt, ist dabei in der Verantwortung. Wenn er eine Kündigung umsichtig angeht und sie in einer inneren Haltung von Respekt gegenüber der Aufgabe und von Fairness gegenüber dem Mitarbeiter durchführt, dann wird er dabei viel Schaden für den Mitarbeiter, für das verbleibende Team und für sich selber verhindern können. Dann wird er eine der schwierigsten Managementaufgaben so meistern, dass am Ende alle Beteiligten zufrieden sind und zuversichtlich in die Zukunft gehen.

Zum Schluss möchte ich mich bei all meinen Klienten und Gesprächspartnern ganz herzlich bedanken. Ihre Offenheit und ihre Bereitschaft, von sich zu erzählen und ganz persönliche Erfahrungen preiszugeben, haben mir sehr geholfen, zu verstehen, was in solchen schwierigen Momenten zwischen Menschen passiert. Ihnen und mir bleibt die Hoffnung, dass durch das Verständnis der Leser manche Kündigung künftig glimpflicher abläuft, weniger Schaden anrichtet und dazu beiträgt, dass sich die Situation für alle Beteiligten schlussendlich verbessert.

Literatur

Fischer, Gottfried: Neue Wege aus dem Trauma. Erste Hilfe bei schweren seelischen Belastungen, Düsseldorf, 2003

Fischer, Gottfried / Riedesser, Peter: Lehrbuch der Psychotraumatologie, München/Basel, 2003

Hellinger, Bert: Liebe und Schicksal, München, 2003

Kraemer, Horst: Das Trauma der Gewalt, München, 2003

Kraemer, Horst: Trauma-Bewältigung, Zürich, 2005

Nadig, Toni / Reemts, Brigitte: Entlassung – Entlastung? Outplacement als Brücke zwischen Entscheidern und Betroffenen, Zürich, 2008

Malik, Fredmund: Führen, leisten, leben. Wirksames Management für eine neue Zeit, Stuttgart, 2001

Meyer, Charles / Dal Tin, Jeanne: Das Trauma der Kündigung, www.charlesmeyer.ch, 2004

Meyer, Charles / Schröter, Peter: Die Kraft der männlichen Sexualität, Zürich, 2003

Radatz, Sonja: Coaching-Grundlagen für Führungskräfte, Wien, 2006

De Shazer, Steve: Worte waren ursprünglich Zauber, Dortmund, 1998

Schmidt, Gunther: Liebesaffären zwischen Problem und Lösung, Heidelberg, 2004

Sparrer, Insa: Systemische Strukturaufstellungen. Theorie und Praxis, Heidelberg, 2006

Sparrer, Insa: Wunder, Lösung und System. Lösungsfokussierte systemische Strukturaufstellungen für Therapie und Organisationsentwicklung, Heidelberg, 2001

Sparrer, Insa / Varga von Kibéd, Matthias: Ganz im Gegenteil. Grundformen systemischer Strukturaufstellungen, Heidelberg, 2005

Wunderer, Rolf: Führung und Zusammenarbeit, München, 2000

Ulich, Eberhard: Arbeitspsychologie, Zürich, 1994

Toni Nadig, Brigitte Reemts Flum

Entlassung – Entlastung?

Outplacement als Brücke zwischen Entscheidern und Betroffenen

Den Arbeitsplatz auf Lebenszeit gibt es nicht mehr. Doch das hat nicht nur Nachteile. Wenn sowohl Arbeitnehmer wie auch Unternehmen lernen, sich fair und professionell voneinander zu trennen, bietet die berufliche Veränderung für beide Seiten große Chancen. Eine Outplacement-Beratung kann die Brücke sein.

Mit Fallbeispielen aus der beraterischen Praxis und mit Tipps für Entscheider und Betroffene wird aufgezeigt, was eine faire Trennung ausmacht: Was muss man dabei beachten? Wann ist eine externe Beratung sinnvoll? Was bringt die Begleitung durch eine Outplacement-Firma den betroffenen Mitarbeiterinnen und Mitarbeitern? Wie evaluiert man eine gut geführte Outplacement-Firma in Hinblick auf Logistik, Methode und insbesondere Beratende, und wie läuft ein Beratungsprozess idealerweise ab? Ergänzt werden die fundierten Informationen durch nützliche Checklisten, Arbeitsblätter und Adressen.

168 Seiten, gebunden, ISBN 978-3-280-05283-9

orell füssli Verlag